“十四五”到2035年中国健康饮水产业发展愿景报告

孙文俊　于锦红　主编

中国财经出版传媒集团
经济科学出版社
Economic Science Press
·北京·

图书在版编目（CIP）数据

“十四五”到2035年中国健康饮水产业发展愿景报告/
孙文俊，于锦红主编．--北京：经济科学出版社，
2023.4（2025.4重印）
ISBN 978-7-5218-4679-9

Ⅰ.①十… Ⅱ.①孙…②于… Ⅲ.①饮用水-产业
发展-研究报告-中国-2021-2035 Ⅳ.①F426.82

中国国家版本馆CIP数据核字（2023）第061840号

责任编辑：李 雪 刘 莎 袁 溦
责任校对：隗立娜 靳玉环
责任印制：邱 天

“十四五”到2035年中国健康饮水产业发展愿景报告
“SHISIWU” DAO 2035 NIAN ZHONGGUO JIANKANG YINSHUI
CHANYE FAZHAN YUANJING BAOGAO
孙文俊 于锦红 主编
经济科学出版社出版、发行 新华书店经销
社址：北京市海淀区阜成路甲28号 邮编：100142
总编部电话：010-88191217 发行部电话：010-88191522
网址：www.esp.com.cn
电子邮箱：esp@esp.com.cn
天猫网店：经济科学出版社旗舰店
网址：http://jjkxcbs.tmall.com
北京联兴盛业印刷股份有限公司印装
710×1000 16开 14印张 170000字
2023年4月第1版 2025年4月第3次印刷
ISBN 978-7-5218-4679-9 定价：69.00元

前　言

“十四五”规划和2035年远景目标纲要提出，要把保障人民健康放在优先发展的战略位置，全面推进健康中国建设，让发展成果更多更公平惠及全体人民，不断增强人民群众获得感、幸福感、安全感。健康饮水是实现健康中国战略的重要举措，让人民群众喝上卫生、安全、健康的水，是健康饮水产业发展的动力源。由中国生产力学会水与健康委员会、清华大学主编的《健康饮用水水质》团体标准（T/CAPS01－2021）于2021年7月1日实施。

为了实现中国健康饮水产业长期稳定发展，健康饮水产业必须依靠产业政策制定清晰的产业发展愿景和产业内企业持久释放的竞争力共同作用实现。本产业发展愿景的编写是根据外部环境变化程度、政策资源的调整程度和产业内企业科技创新能力提升程度等维度，对产业发展趋势、发展中遇到的问题及对策给予了总体的判断和参考；同时也激发了产业成员把握机遇、持续创新，共同推进健康饮水产业的可持续发展。

目　录

第 1 章

"十四五"到 2035 年中国健康饮水产业发展的意义

1.1 健康饮水的定义与界定

宏观上饮用水水质标准的发展可分为：卫生、安全和健康三个阶段。饮用水的卫生学主要强调微生物风险，通常是急性暴发、危害效果容易发现、及时控制后没有长期危害；饮用水的安全性主要强调长期的、慢性的健康影响，危害效果不容易发现，发现以后也不易恢复，通常是化学物质引起的，与毒理学指标同义；饮用水的健康性主要强调饮用水水质对人体有益的部分，可以通过饮水摄入改善人体健康的物质。

1.1.1 健康饮水的定义

水是生命健康的基石，《中国居民膳食指南 2022》中建议，居民每日饮水 1.5～1.7 升，以保证人体健康的生理所需。我国对于饮用水的安全极为重视，随着我国经济的快速发展，人民生活水平的不断提高，人们对水品质的要求也越来越高，除了安全以外，水中的营养元素与人体健康的关系逐渐被关注，健康饮水成为潮流，健康饮水的观念应运而生，《健康饮用水水质》团体标准（T/CAPS01 - 2021）中对健康饮用水的定义：在满足国家标准《生活饮用水卫生标准》规定的基础上，进一步去除对人体的危害物质并保留水中原有且均衡的营养和健康必需的微量矿物元素，用于人们日常饮用、生活的水。

1.1.2 健康饮水的界定

对于居民个人来说，健康饮水的内涵主要有以下几个方面。

处于首要地位的是水质安全。目前发现自然界的水中所含的有益物质有上千种，同时有害物质也有上千种，这包含了水源地地质条件带来的有害物质，也包含因为人类活动造成的污染，例如有毒重金属、微量有机污染物、病原微生物等。这些污染物掺杂在饮水中可能会立刻对人体造成伤害导致一定范围内的公共卫生事件，也可能对人体造成渐进式的长期影响。微生物例如大肠杆菌，隐形孢子虫等，会造成痢疾、呕吐、腹泻等肠胃疾病；有害无机物例如砷、铍、铬等，会造成人体器官功能受损等；有害有机物，例如杀虫剂、除草剂残留等，可致癌，这些污染物质会极大地危害人体健康。我国 1985 年出台了第一部《生活饮用水卫生标准》（GB 5749 - 1985），总项目为 35 项，有机项目为 4 项，与该标准制定时水污染主要是无机污染的现象相吻合，体现了要喝卫生水，防止肠道流行病的理念。2006 年该标准进行了首次修订，水质指标由 35 项增加至 106 项，其中限定了居民用水的微生物学指标、毒理学指标、一般化学性指标、感官性指标等，保障了基本的水质安全。第二次修订版本《生活饮用水卫生标准》（GB5749－2022）于 2022 年 3 月 5 日发布，于 2023 年 4 月 1 日正式实施。

其次，居民健康饮水需要保证水质的矿物质浓度适宜。居民饮水中应保有一定浓度的矿物质，《健康饮用水水质》团体标准中提出 TDS 值应以 50～1000 毫克/升为限，200～600 毫克/升为宜，矿物质浓度过低则会导致矿物质元素补充不足，人体内电解质失衡等危害，同时矿物质浓度低的水也更容易溶解管材中的其他有害物质。因此，从营养和安全两个角度居民健康饮水都应该保证一定的矿物质浓度，然而过高的矿物质浓度对于人体健康可能有害，所以矿物质浓度是健康饮水的重要指标。

饮水中的矿物质均衡也是健康饮水需要考量的重要因素。一方面，饮水中需要具备丰富的矿物质种类，当水中天然矿物质种类丰富时，不仅对人体的营养效应更为全面，还可使某些元素的潜在危害得以遏制。比如钙、镁可以抑制铁的过量吸收，钙可以抑制铅镉的吸收，硒可以抑制汞的吸收，锡可以减轻锌、锰、铜的毒性，这些平衡效应可能是通过共享转运体、竞争代谢酶等机制产生的。另一方面，由于水中矿物质元素的种类多种多样，它们的平衡配比也是健康饮水的重要组成部分，例如对于水中的钙、镁元素是水中最为丰富、对人体健康影响最大的两种离子，现有资料显示水中钙镁比例如果过高（钙过高或镁过低），钙、镁的营养价值都会受到影响，两者在 2∶1～3∶1 浓度范围较好。但对于水中复杂的多种元素，怎样才是最佳搭配比例和分布丰度目前了解十分有限，有待深入开展研究。

矿物质来源天然也是利于实现健康饮水的。多项研究显示，相比人工添加到水中的矿物质（用于改善口感或预防疾病），水中天然来源的矿物质对人体更友好、更健康，健康饮水应该尽量保持水质的天然属性。当安全的水资源不足、必须对水进行纯净化处理时，建议补充适当比例的天然水（如洁净的自来水、天然山泉水、天然矿泉水等），或用天然无毒矿石进行过滤，以获得天然矿物质的补充。尽量不采取人工添加化学盐类的方式来改善水质。

此外，根据《中国居民膳食指南2022》，居民饮水应该做到足量饮水，少量多次。在温和气候条件下，低身体活动水平成年男性每天喝水1700毫升，成年女性每天喝水1500毫升。在水分缺乏的情况下，所有膳食营养素的有效利用都会受到影响。目前公众对慢性脱水的健康危害认识不足，主动补水意识不强，还需要大力强化健康教育，让民众养成多喝水的习惯。对于脱水敏感人群，如老年人、发育期儿童、婴幼儿，应该加强社会保障体系，增加公共场合、学校校园、家庭中安全饮水供给措施的研发，以保障饮水易得性，进而保障健康。

1.2 产业发展的理论基础与重大意义

1.2.1 国民健康饮水现状分析

从饮水方式来看，其趋向于多元化发展。包装水作为最主要的饮水方式之一，在全球持续以每年超过10%的速率迅速增长；各种形式的净水器和饮水机在家庭、小区、校园、办公楼、公共场所的普及率不断提高，有的家庭甚至采用全屋净水的方式以获得安全洁净饮用水。从水的种类来看，天然水、纯净水、蒸馏水、碱性离子水、人工矿物质水、天然矿泉水、富氢水、富氧水、低氘水、深层海洋水、山泉水、冰川水、磁化水、离子交换水等皆有市场可寻。此外，脱盐的淡化海水在部分沿海地区也以单独或用自来水稀释后供作饮用水。

饮水水质的多元化存在一定的健康隐患。有统计数据表明，全球59%的瓶装水是矿物质水平极低的纯净水，并不能作为健康饮水长期饮用。当被急性大量饮用时，可直接引起肠黏膜的渗透性休克，细胞内外水分及电解质的失衡，同时还容易引发运动员的低钠性水中毒以及婴幼儿的代谢性酸中毒等；长期饮用可直接或者间接导致机体对有益矿物质（镁、硅、钒、锂、锰、铬、锶、钴等在水中溶解状态良好的微量元素）的低吸收甚至零吸收。此外，不含矿物质的饮水也失去了天然水对健康的间接保护作用，如防止烹制食物中矿物元素的丢失、防止储水容器中铅、铜等有害元素的溶出、竞争性地拮抗环境毒物、与肠道细胞膜二价离子转运蛋白结合从而减少其暴露风险。长期饮用脱盐水可诱发电解质紊乱如低钠血症、低镁血症和低钙血症；同时还引起体液渗透压的改变，影响细胞容量和血压，进而产生渗透压应激。电解质紊乱可以形成有利肿瘤生长的微环境，而渗透压应激可诱导DNA损伤。这些都为肿瘤发生提供了有利条件。

随着我国经济水平增长以及公众健康意识的提升，健康饮水的需求愈加强烈，而相关基础研究薄弱。以天然矿泉水为例，作为具有特殊化学组成（有益矿物离子）和物理性能（适宜的温度）的珍稀自然资源，人们可以通过吸、饮、浴的方式获得其对健康的促进，甚至某些慢性疾病（消化、神经、皮肤等系统疾患）得到改善效果。欧洲和日本对此已经开展较多的研究，如碱性富钙矿泉水可以减少绝经期妇女的骨质流失，含氡天然矿泉水可以降低大鼠高尿酸血症的尿酸水平，天然苏打水（含碳酸氢钠）可以降低高脂血症患者的血脂水平，低氘水具有抗衰老作用等。除了天然矿泉水以外，号称有利健康甚至具有医疗效果的碱性离子水、深层海洋水、冰川水、低氘水、富氢水等也见诸市场，并有各自的消费人群。

我国是天然矿泉水资源十分丰富的国家，已经发现多种类型的天然矿泉水储存，以含偏硅酸型、含锶型或者两者都含的复合型为常见；含碳酸氢钠、含锌、含锂、含硒、含氡等种类也见于各地。尽管自然资源部的审批权限日益严格，但在公众对其健康效应的认可以及市场利益的驱动下，目前国内天然矿泉水的开发及生产处于井喷式增长状态。然而，目前国内对天然矿泉水健康效应的研究仅见零星报道，且这些研究涉及水种较少、人群流行病学资料偏少、深入的机制探讨明显不足等，不足以支撑天然矿泉水的快速开发饮用。

除此之外，健康饮用水相关的卫生标准体系有待逐步建立和完善。目前国家对于各种形式的饮用水，都要求遵循《生活饮用水卫生标准》（GB5749－2022）；各种形式的包装饮用水，都要求遵循《食品安全国家标准包装饮用水》（GB19298－2014）；也有《低矿化度饮用水矿化卫生标准》（GJ1335－92）用以指导如何采用淡化水、雨雪水、雨水等为饮用水时的矿化管理。但对于种类繁多、形式多样的饮用水产品来说，现有的有限标准还不能起到促进行业发展的作用，甚至某些独特水种因为缺乏针对性标准而不能彰显其特质。许多新生水种如富氢水、碱性离子水、天然苏打水、低氘水等水质卫生标准仍属空白，且现阶段饮用水卫生标准的制定多以不发生介水传染病和慢性中毒为目标，绝大部分水质指标都是上限值。近年来，水中钙、镁、碳酸氢盐等天然矿物离子对健康重要性的研究证据逐渐增多，在水质标准中逐步提出下限值，也是标准制定部门需要考虑的问题。

饮水方式和饮水水质的多元化，也带来介水污染物暴露模式的转变。新的化学污染物暴露问题包括：①包装水的特殊消毒方式带来溴酸盐暴露。臭氧消毒是包装水的主要消毒方式。臭氧可将水中微量溴化物氧化生成溴酸盐，这是一种世界卫生组织（World Health Organization，WHO）界定为2B级的可疑致癌物质。②各种包装材料也会将新污染物质带入水中，重金属锑、邻苯二甲酸酯类增塑剂、多环芳烃类物质、苯乙烯等有毒物质就在包装水中时常检出。③饮水机的长期反复加热容易导致水中亚硝酸盐浓度上升，增加饮水者的致癌风险。新的病原体暴露问题有：包装水和净化水等大多是在市政自来水基础上进行深度处理而获得，它们对于传统介水传染病病原体如霍乱弧菌、伤寒杆菌、痢疾杆菌等多有良好的控制，但由于其特殊的消毒方式、复杂的水道结构和较长的储存周期，一些新的病原体则更容易滋生。如对臭氧消毒具有较强抗性的绿脓杆菌就时常在瓶装水中被检出。也有研究显示，净水器如果缺乏定期彻底消毒，反将成为病原体滋生的温床。

我国已经进入饮水水质和供水方式多元化饮用水时代，但现阶段对于各种新型饮水的健康效应研究目前还十分滞后，远远满足不了社会的需求。为促进我国的健康饮水市场的发展，应尽快建立适用于饮用水健康效应评估的方法体系；加强对低矿物质饮水的健康风险评估以及安全人工矿化的技术方略研究；加强公众认可度较高的天然矿泉水的健康促进效应研究；对于新型饮水方式带来的微生物和毒理学安全隐患也应该加强防控技术研究。

1.2.2 饮水健康与营养的关系

1.2.2.1 居民膳食平衡中的健康饮水

平衡膳食是指膳食中所含营养素的数量充足、种类齐全、比例适当，并且与机体的需要保持平衡关系，其要求之一就指出了矿物质（无机盐）之间的平衡。饮水是人体重要的矿物质来源，健康饮水对平衡膳食起着重要作用。然而，一方面由于地区发展不平衡、饮食习惯固化，另一方面出于对饮用水污染的担忧，对自来水进行深度处理甚至彻底处理的情况已经十分普及，这些情况剥夺了人们从饮水途径补充矿物质的可能性，将加剧膳食不平衡导致的人群健康风险。

矿物质是人体不可或缺但又不能自行合成、必须依靠食物摄取的营养素。世界卫生组织将食物中维生素和矿物质的缺乏称为隐性饥饿，相对于传统的显性饥饿，隐性饥饿不易被察觉，其危害也容易被忽视。矿物质中的钙、磷、镁是骨骼和牙齿的重要组成，钠、氯、钾是维持体液渗透压的主要电解质，碳酸氢盐、钠、氯等参与酸碱平衡，许多重要生物大分子也离不开矿物质（血红蛋白含铁，甲状腺素含碘，镁是近千种酶的辅酶）。因而长期的矿物质隐性饥饿将导致出生缺陷、发育迟缓、多种慢性疾病（糖尿病、心血管疾病、骨质疏松、肿瘤等）的发生风险大大增加，严重影响一个国家的人口素质和经济。目前中国居民普遍存在矿物质隐性饥饿的情况，培养健康饮水习惯利于补充矿物质保证膳食平衡。当今中国人群的膳食结构正处于东西方膳食模式的融合交汇之中，总体上三大热能营养素摄取量已经大大增加，但谷类、薯类、果蔬类、豆类、粗粮类这些富含维生素和矿物质的食物比例却在逐渐降低。例如中国人群在膳食中“钙”的最佳来源是乳及乳制品，但中国人群的乳及乳制品消费长期偏少，这就造成中国人普遍摄钙不足，特别是发育期儿童钙的摄取量严重偏低，远不能满足骨骼快速生长之需求。此外中国饮食还有氯化钠摄取过多，镁、钾、锌、铜、硒等矿物质元素摄取不足，维生素A、B1、B2、C摄入不足等问题。

水中天然矿物离子可弥补膳食不平衡导致的矿物质不足，水是人体的最重要组成，但多年来水对人体的营养贡献常常被忽略。自然水体中含有钙、镁、钠、钾、碳酸氢盐、硫酸盐、硅、锌、碘、氟、铬、锂、钼、硒、钴、钒等多种溶解性矿物离子，它们是生物利用率良好的优质矿物质来源，对膳食中的矿物质可以起补充作用，尤其是在膳食矿物质隐性饥饿的情况下。特别值得指出的是，水的硬度是水质检测的基本指标，它表示的是水中的钙、镁含量，而这两种元素恰恰是中国居民膳食中最为缺乏的。除了钙和镁外，天然水体常见的偏硅酸、锰、锶、钴、硒、钼、钒、锂都是人体必需或可能必需微量元素，其中某些种类在膳食中含量不高或者不易吸收，饮水成为人体得到它们的重要途径。同时，经研究表明，即使食物中矿物质含量完全达标，长期饮用纯净水或人工矿物质水（纯净水中添加微量人工盐），也会因电解质紊乱而导致其他健康问题产生。

水中天然矿物离子可缓解膳食不平衡导致的慢性酸负荷压力增加。碳酸氢盐是淡水水体中含量最为丰富的无机盐类，在水中其多以溶解性碳酸氢根的形式存在。在人体内，碳酸氢根是最重要的碱储备物质，对维持血液酸碱平衡至关重要。在前农业时代，人类社会相当长时间内是狩猎—采集型净碱生成食谱，这样的食谱包含大量富含钾、钙离子和有机枸橼酸的根、茎、叶、果、蔬类植物，为体内代谢产生碳酸氢根提供了前提，能有效缓解动物类食物的代谢产酸。人类在向农业时代变迁过程中，谷类食物（尤其是精制谷物）和豆类比例的增加使得食谱趋向酸化。到了现代社会，膳食不平衡趋势愈加明显，能量高但缺乏矿物质的食物（快餐食品、高糖饮料等）均具有较强的产酸能力，土壤质量的普遍退化也使得食物中矿物质水平下降，导致净酸生成食谱占主要比例，人群中慢性代谢性酸负荷过量的现象较为普遍。多项医学研究已经证实，机体长期酸负荷过量可增加多种慢性疾病例如骨质疏松、尿道结石、肌肉耗损、肾脏功能损伤等的发生风险，从预防医学的角度来看，人体最佳的酸碱状态应该是轻度的代谢性碱偏多状态。

因此，在当今不平衡膳食背景下，饮水中的天然碳酸氢盐是人体缓解慢性酸负荷压力、预防慢性疾病的宝贵自然资源。已经有多项人群干预试验显示饮用天然富含碳酸氢盐的水对类风湿性关节炎、胃酸分泌过多、便秘、高血压等都有一定的改善效果，而且这样的饮水没有临床碳酸氢钠制剂或者人工添加小苏打的水的副作用。

培养健康饮水习惯有利于解决长期中国人膳食不平衡中的慢性脱水问题。充足的饮水量是平衡膳食对人体产生平衡营养的基础，因为水是人体内一切营养物质的溶剂、转运载体和代谢反应基液，细胞水化不足不仅伴随电解质和矿物质的紊乱，也会导致各种营养素的功效难以实现。已经有确凿的医学证据显示，长期慢性脱水导致的尿过饱和是泌尿系统结石发生的重要原因之一，也可能会增加疲劳、便秘、儿童认知降低、老年痴呆、血栓、胆结石、青光眼、白内障等疾患的发生风险。由于口渴并不是脱水的最早症状，因而慢性脱水也很容易被忽略。因此，对于中国人群而言，主动补水是亟待强化的健康行为，对于改善膳食不平衡具有重要作用。

1.2.2.2 水中微量元素对人体的有益作用

居民健康饮水的核心为保证饮水中的矿物质平衡，而优质饮用水中保留的均衡营养元素对人体健康起着重要作用。

（1）钙

钙和镁在饮用水溶解性物质中占有很大比例，同时也对人体骨骼健康和心血管健康方面起到重要作用。钙是人体中最丰富的矿物质（占人体总重量的1.5%～2.0%），除了作为骨骼的主要结构成分外，还对多种酶和激素反应的调节、血液凝结、神经传输、肌肉收缩/松弛（包括正常心律）、血管收缩扩张以及腺体分泌等具有重要作用。镁和钙对于血液凝固有拮抗作用，镁抑制血液凝固，而钙则促进这一过程，当镁、钙比例远大于2∶1时会阻碍血液凝固及其他过程。

（2）镁

镁是300多种酶反应中的辅助因子。碳水化合物、脂质、蛋白质相关酶的作用和核酸新陈代谢都涉及镁。它是骨骼矿化和发育所必需的元素，也在细胞通透性和神经肌肉兴奋性中发挥作用。

（3）铜

铜在人体内含量100～150毫克，血清铜正常值100～120微克/分升，是人体中含量位居第二的必需微量元素，在抗氧化功能、铁元素利用和心血管健康方面有重要作用。铜是许多酶体系的重要成分，例如酪氨酸酶、单胺氧化酶、超氧化酶、超氧化物歧化酶、血铜蓝蛋白等，是婴儿成长、宿主防御机制、骨骼强度、红白细胞成熟、铁的输送和大脑发育所必需的元素。贫血症、中性白细胞减少和骨骼异常（骨质疏松、骨折等）是铜缺乏的主要表现。其他影响包括头发和皮肤色素减少、张力减退、生长减弱、感染发病率增加、免疫功能改变等。铜对血红蛋白的形成起活化作用，促进铁的吸收和利用，在传递电子、弹性蛋白的合成、结缔组织的代谢、嘌呤代谢、磷脂及神经组织形成方面有重要意义。

（4）锌

锌是水中常见的矿物质元素，对于人体来说也是必需的微量元素。锌是300多种酶的催化剂组分，它还在蛋白质和细胞膜的结构整体性、激素与其受体的联结以及基因表达等方面发挥作用。具体表现在锌参与对身体发育有密切关系的激素的合成，促进儿童智力发育和生长发育；维持和促进视力发育；增加创伤组织的再生能力；提高免疫活性细胞的增殖能力，刺激抗体反应，提高免疫功能等。正常人血锌值应为13.94微摩尔/升，如低于11.48微摩尔/升，则视为缺锌。保持充足的锌含量十分重要，正常成年人每天的需求量为10～15毫克，二岁至十岁的儿童每天需锌10毫克，五个月至一周岁的婴儿每天需锌5毫克，四个月以下的婴儿每天需锌3毫克。但据我国第三次营养调查表明，有60%的人存在缺锌或锌营养不足的现状，缺锌成为人们健康生活的一个隐患。

（5）锶

锶与细胞（特别是线粒体）的结构和功能、心血管的结构和功能、骨骼和牙齿的发育与保护，以及神经系统的刺激和调节等有着密切的关系，许多学者把它列为必需微量元素。

《健康饮用水水质》团体标准编写说明中的数据显示，德国居民饮用水锶含量为129～3077微克/升，矿泉水和医用水的锶含量为36～24500微克/升。美国100个大城市自来水锶含量为2～1200微克/升，中位值为110微克/升，威斯康星州7个城镇的饮水锶含量为22～33900微克/升，俄亥俄州3个城镇的饮水锶含量为200～5800微克/升。这10个城镇中有7个城镇的饮水锶含量超过5000微克/升。美国德克萨斯州24个县城的饮水锶含量为400～37800微克/升，其中也有5个超过5000微克/升。中国居民饮用水的锶含量则要低得多，中国各大水系地表淡水锶含量为13～300微克/升，平均值为119微克/升，已公布的矿泉水、深井水锶含量为204～500微克/升，尚未见到锶含量超过5000微克/升的报道。但这并不表明，天然高锶水源并不存在，例如浙江某地曾发现锶含量达7900微克/升的矿泉水。

饮水锶浓度与心血管病死亡率也有一定的联系。1966年施罗德（Schroeder）发现饮水中钒、钡、锶、锂浓度与心脏病死亡率呈显著负相关。1978年道森（Dawson）也发现饮水锶浓度与高血压心脏病死亡率呈显著负相关，如果以钠/锶比值作分析，则这种联系就变得更加明显，饮水中钠/锶比值与6种心脏病中的5种有显著相关性。在一定浓度范围内，饮水锶浓度愈低，心血管病死亡率愈高，饮水锶浓度为5～10毫克/升时，心血管病死亡率最低，饮水锶浓度较高时，心血管病死亡率又升高。鉴于锶的生物化学研究成果和锶的临床应用效能，许多国家已生产出应用于临床的含锶药物和医用药水。

（6）碘

碘是甲状腺激素的一种重要成分。人体内约60%的碘贮存在甲状腺中。甲状腺激素是细胞生长和分化、新陈代谢速率的维持和全体细胞代谢所必需的。除此之外碘还具有促进能量代谢、维持垂体生理功能、存进婴幼儿大脑发育及身体发育的功能。尤其是在婴幼儿脑发育阶段应特别重视碘的适量摄入，若在该时期的饮水饮食中缺乏碘，则会导致婴儿的脑发育落后，严重的在临床上面称为“呆小症”，而且这个过程是不可逆的，以后即使再补充碘，也无法恢复正常。

(7) 氟

氟是人体内重要的微量元素之一，但摄入过多也会成为一种对人体有害的污染物。氟化物是以氟离子的形式，广泛分布于自然界。人体内大部分的氟在于骨和牙齿中，氟化物与人体生命活动及牙齿、骨骼组织代谢密切相关，尤其是牙齿及骨骼发育不可缺少的成分。少量氟可以促进牙齿珐琅质对细菌酸性腐蚀的抵抗力，防止龋齿，因此水处理厂一般都会在自来水、饮用水中添加少量的氟。据统计，氟摄取量高的地区，老年人罹患骨质疏松症的比率以及龋齿的发生率都会降低。同时氟对儿童的牙釉质发育以及终生骨基质强化发挥着作用。在预防龋齿方面有效；摄入过量可能导致氟斑牙。

保持牙齿健康的最佳饮用水氟化物浓度一般为0.5~1.0毫克/升；美国环境保护局根据当地预防严重氟骨病的条件，设定氟化物最高污染量为4.0毫克/升，能防止中度到重度氟斑牙的指导水平为2.0毫克/升；美国国家科学院医学研究所，男性每日推荐摄入量2~4毫克/升，女性每日推荐摄入量2~3毫克/升；世界卫生组织饮用水中的营养素，氟被直接加到饮用水中的最终浓度0.7~1.2毫克/升，以防止龋齿；GB8537限量指标1.5毫克/升。

(8) 硫酸盐

人体组织中的大部分硫酸根都是有机的，并被并入大分子中进行生物合成（如黏多糖、硫酸软骨素、糖脂、类固醇、甲状腺激素等），小部分无机硫酸根存在于血清中。《低矿化度饮用水矿化卫生标准》（GJB1335－92）对饮用水中硫酸盐含量的浓度建议值是30～100毫克/升，不得超出250毫克/升；《生活饮用水卫生标准》（GB5749）中的限值是小于等于250毫克/升。世界卫生组织饮用水水质准则也指出，硫酸盐的存在会导致饮用水有明显的味道，高浓度下可能会使不习惯的用户产生腹泻，具体根据硫酸根结合的阳离子不同，产生的味道也不同，味阈值范围从硫酸钠的250毫克/升到硫酸钙的1000毫克/升不等。人们普遍认为当硫酸盐浓度低于250毫克/升时水中几乎不会有异味。

(9) 钠

钠是细胞外液的主要电解质。《低矿化度饮用水矿化卫生标准》（GJB1335－92）对饮用水中钠的浓度建议值是20～100毫克/升，不得超出200毫克/升；世界卫生组织饮用水水质准则也指出，同健康的成年人相比，儿童、老年人和肾脏系统受损的人群更容易受到高钠摄入量的有害影响。食品与营养委员会（FNB）将适宜钠摄入量规定为120毫克/升，这是从母乳喂养的婴儿推导出的数值。根据美国的相关规定，欧洲婴儿配方奶的规定支持20～60毫克/100千卡的摄入量，相当于钠127～292.5毫克/天。

1.2.2.3 饮用低矿物质水的健康隐患

(1) 饮用低矿物水会直接影响肠道黏膜、新陈代谢和矿物质动态平衡或其他人体功能

已有充足证据显示，饮用低矿物质水会危害身体内矿物质和

水的新陈代谢，对动态平衡机制产生以下负面影响：①增加尿量（平均可达20%）、身体含水量和血浆内钠浓度；②降低血浆内钾浓度；③增加身体的钠、钾、氯、钙和镁离子的排出量。通常认为低矿物质水会作用于胃肠道的渗透压感受器，使流入肠腔的钠离子增加，门静脉系统渗透压轻微降低，继而产生适应性反应，使释放到血液中的钠离子大幅增加。这种血浆的渗透性变化会导致身体水分重新分配，即细胞外体液总量将增加，红细胞和组织液内的水分会转移到血浆中，并且水分会在细胞内和组织液之间转移。为应对血浆量的变化，血液内的压力感受器和容量感受器将被激活，致使醛固酮释放量减少，从而增加钠的排放量。血管内容量感受器的反应可能导致抗利尿激素（ADH）释放量减少和尿量增加。

短期内大量饮用低矿物质水易导致体内电解质浓度失衡或缺失，出现低钠性休克（“水中毒”）或暂时性精神错乱等严重的急性损伤，轻者的症状为疲劳、虚弱和头痛；严重者症状包括肌肉痉挛和心率受损，并伴随脑水肿、抽搐和代谢性酸中毒。长期饮用纯净水可诱发电解质紊乱如低钠血症、低镁血症和低钙血症；同时还引起体液渗透压的改变，影响细胞容量和血压，进而产生渗透压应激。电解质紊乱可以形成有利肿瘤生长的微环境，而渗透压应激可诱导DNA损伤，这些为肿瘤发生提供了有利条件。

(2) 低矿物质水只能摄入少量必需元素和微量元素

除少数特例之外，饮用水并非人类基本元素的主要来源，但是其作用却很重要。当食物不能提供充足的矿物质和微量元素，使得某种元素处于临界缺乏状态时，从饮用水中摄入相对少量的该元素，也能发挥相应的保护作用，这是因为水中的元素通常以自由离子形式出现，而食物中的元素多数情况下以化合物形式存在，因此与食物相比，水中的元素更易吸收。

（3）用低矿物质水制备的食物会大量损失钙、镁和其他必需元素

人们发现使用低矿物质水烹饪时，会造成食物（蔬菜、肉类、谷物）中各种必需元素大量流失。其中镁和钙的损失可达60%，而其他一些微量元素的损失甚至更高（如铜为66%、锰为70%、钴为86%）。与之相反，使用硬水烹饪时这些元素的损失则小得多，有时甚至会出现烹饪食物中钙含量增加的情况。因为人体的多数营养是通过食物摄取的，所以使用低矿物质水烹饪和加工食物会造成某些必需元素的摄入量严重不足。我国目前膳食不平衡的现象时有发生，许多人的食物通常不能充分提供各种必需元素，因此也应尽量避免食物加工和烹制过程中造成的必需元素和营养损失。

（4）饮食中摄入的有毒金属可能增加

低矿物质水可能会增加摄入有毒金属的风险，原因有两个：①低矿物质水不稳定，因此对与其接触的材料有较高腐蚀性，这种水更容易溶解管道、涂层、贮水罐和容器、软管及配件中的金属和一些有机物质，导致饮用水中溶入有毒金属的风险增加；②钙和镁含量低的水保护（抗毒）能力较低，水和食物中的钙和镁（程度较轻）具有抗毒活性，它们能通过直接与毒素反应生成不能吸收的复合物或通过与毒素竞争结合位点，防止肠道中的铅和镉等有毒金属被血液吸收。虽然这种保护效应有限，但却不可忽视。

（5）低矿物质水可能带来细菌污染

无论是由于水源处有细菌还是因为经过处理的水在管道系统

中重新生长细菌，只要水中没有消毒剂，就容易被细菌污染。而经过脱盐处理的水对与其接触的材料产生的腐蚀可能使输水管道中出现较多的养分，更利于细菌生存。

（6）蒸馏水和低矿物质水可能口味不佳

过高或者过低矿物质的水都会影响口感。虽然这点被认为不影响健康，但是判断人类是否适宜饮用低矿物质水时应将其考虑在内。

1.2.3 产业发展的意义

饮水是最重要的民生问题之一，关系到每个人的健康和生命安全及社会稳定。我国政府对大众饮水高度重视，2005年，国务院办公厅发布了《关于加强饮用水安全保障工作的通知》。世界卫生组织《饮用水水质准则（第4版）》开篇即强调：“安全饮用水对健康至关重要，它是一项基本人权，也是用于保护健康的有效政策的一个组成部分。”自古以来，人们认识到水是生命之源，人类要生存、要生活、要发展，就必须逐水而居，必须让所有的人都能得到满意（充足、安全、易得）的水，应尽一切努力确保水的安全可用。因此全世界文明的发展，城市化的进程都是与各自的母亲河或者说母亲水系分不开的，对水的关注和认识也是人类文明发展的重要组成部分。

在现代社会，学校、医院等重点人群饮水系统是重要的公共卫生安全领域，针对该领域的高性能商用净水机、管道分质供水处理系统等，在产业发展里占据重要地位，因此促进健康饮水产业发展也是公共安全所需。与此同时，供水是基础设施体系的重要组成部分。例如，上海、深圳等地通过高品质饮用水技术示范区的建设及运行，从技术、工程、运行、管理、经济等方面明确了城市高品质饮用水的技术路线图，验证了将健康饮水设施纳入基础设施建设的可行性。长远来说健康饮水产业的发展有利于推动构建现代化基础设施体系，增进民生福祉，提高人民生活品质。人民健康是民族昌盛和国家强盛的重要标志。党的二十大报告提出，要把保障人民健康放在优先发展的战略位置，完善人民健康促进政策，深入开展健康中国行动，倡导文明健康生活方式。健康饮水产业隶属食品工业、制造业等行业，核心是将原水净化成可供人们直接饮用的健康水，这也是健康饮水产业发展的源动力。健康饮水产业包括包装饮用水、净水机（户式、商用）、管道直饮水，既是行业发展的不同路径，又相辅相成构成产业。

近年来，随着社会经济水平的不断发展和人民健康意识不断提升，人民对健康饮水的需求强烈。我国是传统制造大国，健康饮水产业与欧美国家相比起步较晚，但得益于不断优化的政策和巨大的市场需求，产业发展迅速。“十三五”期间我国健康饮水产业稳定发展，包装饮用水产业逐年稳定增长，尤其是矿泉水产业增长较大；净水机产业受疫情影响呈现波动，但长期仍呈现增长态势；管道直饮水在深圳盐田、上海闵行等地区逐渐出现成熟的试点，有良好的发展前景。健康饮水产业的迅速发展是对人民健康饮水需求响应，也是对“健康中国”国家战略的响应。

高质量发展是全面建设社会主义现代化国家的首要任务，高品质的健康饮水体现了供水行业的高质量发展思路。党的二十大报告指出，发展是党执政兴国的第一要务，没有坚实的物质技术基础，就不可能全面建成社会主义现代化强国，必须完整、准确、全面贯彻新发展理念，推动经济实现质的有效提升和量的合理增长。目前健康饮水产业的技术路径选择与市政供水环节一一对应，市政供水环节包括水厂制水、市政管网输送、集中式二次供水，这三个供水环节是保证供水水质的关键。针对水厂制水环节，很多地区正在逐步推进水厂处理工艺的技术升级，包括增加臭氧生物活性炭、膜法、高级氧化等深度处理工艺等；针对市政管网输送，大中城市基本完成城市供水管网升级改造；针对集中式二次供水，目前水务和企业的关注点相对集中，应用在这个环节的净水技术包括膜技术、高级氧化技术等；针对供水末端，多为家用净水机，家用净水机的制水技术包括膜处理、离子交换、活性炭吸附、紫外线消毒等。健康饮水产业的发展促进了净水技术的进步，由此带动我国一些新兴技术走在了世界的前列。但我国的健康饮水产业，还存在基础研究、原创性研究较薄弱，高质量科技成果供给能力不足，对产业链、供应链的支撑能力不足等问题。因此，健康饮水产业还需大力发展补齐短板，以产业发展促技术进步，以技术进步助经济增长。

党的二十大报告指出，发展经济的着力点是实体经济，要加快建设制造强国，推动制造业高端化、智能化、绿色化发展；巩固优势产业领先地位，在关系安全发展的领域加快补齐短板，提升战略性资源供应保障能力；优化基础设施布局、结构、功能和系统集成，构建现代化基础设施体系。健康饮水产业相关产品作为居民日常生活的必需品或改善性用品，近年来在新市场的发展和原有市场品质改善的需求下，产业整体市场实现了较大增长，消费者对中高端产品需求旺盛，中高端净水设备的市场占比不断增加，而随着三、四级市场用户消费需求的提升，可以预测健康饮水相关产品在未来仍有不小的增长空间，成为新的经济增长点，并带动就业以及相关配套产业的发展。

1.2.4 产业发展愿景制定的重要性和紧迫性

对于一个成熟的产业而言，不仅需要一个明确具有指导性的产业内部发展规划，还要综合考虑产业发展的背景、国家战略、科学的指导性等要素。或者说，产业能否实现高效、稳定、高速的发展目标，关键在于对发展愿景的制定。所以，产业发展愿景的制定实际上是决定产业未来的一个关键的基础，必须高度重视。

通过对“十四五”到2035年国家发展战略的研究，结合产业自身发展状况，将产业发展融合到国家发展的主潮流中，将为产业从业者建立以政策及市场为导向的经营发展模式提供指导，使其发展更加科学、合理、可行，也有利于提高产业的整体水平。

目前，我国的健康饮水产业面临着日益复杂的发展环境，在发展过程中需要处理更多的不确定性因素，再加上市场竞争日益激烈，产业要顺利实现稳定、健康、持续的发展，必须高度重视产业发展愿景的规划、制定和实施。由于产业发展愿景的完成是一项较为复杂的系统性工作，这就要求产业政策制定者必须根据产业自身实际情况，制定一个科学合理的产业发展愿景，可从以下几个方面更好地促进产业健康发展。

（1）有利于增强产业内企业发展的可预见性

中国健康饮水产业的相关企业必须清晰了解未来本产业的发展方向，不断增强处置风险的能力，才有可能在变幻莫测的市场竞争中占有一席之地。合理的发展愿景规划可以针对产业未来发展过程中可能出现的各种风险和问题进行科学预测，进而使产业内企业的预测能力得以增强，帮助产业相关从业者在日常生产经营中更好地开展风险管理，使产业企业能够更好地转移或者规避风险，更好地实现自身的可持续发展并对产业可持续发展贡献力量。

(2) 有利于明确产业未来的发展方向

中国健康饮水产业发展愿景综合考虑了产业内部资源与竞争环境和外部消费与政策环境，使其可以及时反映产业发展现状及未来发展趋势，有利于产业从业者根据各种变化进行战略调整，从而为全产业未来的发展指明方向。当产业从业者明确了发展目标和方向之后，可以有效整合现有上下游资源，使交易成本以及管理成本得以有效降低，从而促进全产业发展水平的整体提升。

(3) 有利于激发产业内相关企业的积极性

中国健康饮水产业发展愿景并非只是产业顶层设计的目标，而是全体产业参与者的共同目标。本愿景报告进一步明确本产业在新形势下的发展方向，从而使产业相关从业者得到一定的指引，亦使产业相关从业者意识到自身发展同产业整体发展之间的紧密联系。因此，产业相关从业者紧紧围绕产业发展愿景积极开展工作，有利于提升产业从业者的生产积极性、有效性和创造性。

(4) 有利于促进产业资源整合

产业内外及上下游资源能否得到有效的整合，对于产业的发展而言具有十分重要的意义。本产业发展愿景报告将对于产业资源整合发挥巨大作用，通过强调合理配置，使资源得到有效利用，尤其创新资源的有效利用。本产业发展愿景报告的编写不仅考虑到同产业当前发展实际情况相契合，同时还要综合考虑各种外部因素，从而为高效整合资源、显著提升资源利用效率、帮助产业内企业提升综合竞争能力提供支撑。

1.3 产业发展的方向

1.3.1 总体发展方向

饮水产业是一项民生工程，从早期的直接饮用天然水（江河湖泊地表水和地下井水）到城镇化出现后的自来水，再发展到现在的健康水，产业体系从无到有日益成熟完善，它的发展方向不仅代表着净水技术的不断提升，同时也代表着人民对日益美好生活的不断追求，对社会稳定和发展具有重要的价值。顺应“健康中国”战略目标的实施导向以及国内外市场需求趋势，立足于现有产业技术与管理条件，健康饮水产业应重点发展面向广大人民群众的高品质饮用水或健康饮用水，同时兼顾发展以包装水、家用净水机和管道直饮水为主的代表产业，适度发展面向医疗保健、母婴高龄等特殊领域消费用水的功能水（富氢/低氘/含稀有微量元素医疗矿泉水），同时发展健康饮水配套产业，如包装印刷、仓储物流、检验检测、设备研发、品牌推广、文化宣传等，加快形成完整成熟的生态产业链。

1.3.2 重点产业发展方向

1.3.2.1 包装饮用水

包装饮用水即是包装于瓶（桶/袋）内用于售卖的饮用水，主要可以分为饮用天然泉水、饮用天然矿泉水、饮用天然水等，是健康饮水产业发展的主流和基础。国内从事包装饮用水的知名企业主要有农夫山泉、怡宝、景田百岁山、康师傅等。从 2014 年开始，中国包装饮用水市场规模超过美国，成为全球第一大包装饮用水消费大国。基于我国人口基数大及健康饮水意识的不断提升，我国包装饮用水刚需性较强，消费潜在空间较大，产业战略发展方向为健康化、高端化以及应对不同消费群体需求的高品质饮用水。

天然健康饮用水：立足于天然优质饮用水水源地条件，如千岛湖、万绿湖、泸沽湖、丹江口水库等，发展高品质健康饮用水，拓展天然健康饮用水文化内涵和水产品价值。让包装水尽可能保留其自然属性，是产业发展的基本方向。

中高端饮用水：利用国内现有饮用水产业体系基础和水资源优势，引进国内外先进饮用水生产线和重点企业，积极发展面向中高端市场的饮用天然矿泉水、饮用天然泉水，培育高端饮用水品牌，在宣传推介的同时发展国内外市场，提升国产中高端饮用水品牌的市场影响力。顺应高端化的品质消费趋势，打造国产高端饮用水品牌，形成具有国际知名度的国产品牌，是产业发展的重要方向。立足于高品质饮用水源地特点开发的中高端包装饮用水，包括 5100 西藏冰川矿泉水（含有人体所必需的锂、锶、偏硅酸等微量元素，以及锌、溴、碘等多种微量有益组分）、内蒙古阿尔山矿泉水（含大量有益矿物质和微量元素）、长白山矿泉水（富含钙、镁等常量元素，以及硅、锶、锂、硒等29种微量元素）、千岛湖水（含有钾、钙、钠、镁、偏硅酸等天然矿物元素呈天然弱碱性）等。

特殊领域及特殊消费群体饮用水：引导和支持企业开展研发面向特殊领域或特殊群体饮用的功能性包装饮用水，如母婴群体、儿童群体、医疗群体、保健养生群体等是产业的一个发展方向。面对不同消费群体的需求，功能性包装饮用水产业也将呈现出细分趋势，如农夫山泉推出母婴水、雀巢推出儿童水、依云推出美容水（天然矿泉水喷雾）等。随着生活水平和消费水平的提高，功能性饮用水的市场价值和潜质巨大，是包装饮用水的发展方向之一，但是以上细分领域需要以安全健康饮水为基础，避免过度或夸大宣传水的功能性和特殊性。

1.3.2.2 净水机

家（商）用净水机是指根据水的使用要求对水质进行深度过滤、净化的设备。随着人们用水安全意识的提升和对高品质用水的需求，净水机成为健康饮水产业市场竞争的主力，未来长期呈增长态势。发展方向在于以技术创新驱动产品升级，产业联合提升品牌价值，开发具有差异化、低耗能、高节水、大通量的高端智能化净水机产品。

功能化、差异化、智慧化创新是重点。市场现有净水企业主要由专业净水机制造商、传统家电企业和外资企业构成，其中专业净水机制造商有碧水源、沁园、安吉尔、立升等，传统家电企业进入饮水机行业的有海尔智家、美的集团、小米集团、九阳等，外资净水企业代表有美而浦、AO史密斯、怡口等，品牌众多，多以家用净水机产品为主，产品同质化情况较严重。而随着社会发展的加快，人们对饮水健康的重视程度越来越高，多样化需求量也越来越多，如应对不同的使用场合（家用、商场、企业、学校、医院等）对产品的功能、外观、容量要求各有差异，尤其是商用市场潜力巨大，为满足不同消费者需求（泡茶、养生、美容等）对产品的个性化要求更甚，面对不同使用群体（老人、儿童等）对操作可视化、便捷性、安全性要求各不相同。因此，需以技术创新、商业模式创新、营销模式创新为驱动点，在满足传统净水机功能要求的基础上开发使用感友好、有市场前景的净水机产品。

不断打造过硬的品牌和实现技术迭代是方向。好品牌与好品质互相成就，国内现有净水机品牌众多，竞争激烈，随着健康饮水标准日益完善，市场监管力度日益严格，行业竞争门槛也将大幅度提升，只有不断提高产品质量、服务水平，深度聚焦用户需求，形成品牌信任度，加速技术迭代，才不会被市场所淘汰。

1.3.2.3 管道直饮水

管道直饮水是指采用分质供水、设置净化站等形式对自来水进行深度净化处理再通过优质管材管网输送的可直接饮用的水。管道直饮水系统在新加坡、日本、欧美国家等已普遍应用，作为一项民生工程，管道直饮水是“十四五”到2035年中国健康饮水产业的重点发展方向。当前，国内一线城市未来计划在全市内开展直饮水全覆盖，如上海在2018年1月4日发布的《上海市城市总体规划（2017~2035年）》，提出到2035年上海市基本建成卓越的全球城市的规划要求；深圳预计在2023年实现各中心城区直饮水全覆盖，2025年将实现全城直饮；多数一、二线城市已打造直饮水示范项目，如上海、深圳、潍坊、昆山等地开启试点，三、四线城市也在推进小区直饮水入户项目。作为更安全、更便捷、更健康的高品质饮用水，管道直饮水正逐步走进千家万户，发展空间不可估量。高标准、高质量、智慧化，技术创新和模式创新相融合，逐步实现全城直饮系统工程建设是未来管道直饮水的发展方向。

实现全城直饮是饮用水行业的发展目标。管道直饮水的初心在于满足人民群众美好生活用水和城市高质量发展的需要。现有管道直饮水产业模式主要分为三类，分别为管道分质直饮、全城管道直饮和过渡时期多种模式组合，主要是根据城市发展规划需求、政策和资金支撑、各地水源水质条件以及用户需求等现实因素来实施的。但随着城市的发展和人民生活质量的提高，优质直饮水必将成为健康生活必需品，实现龙头直饮是大势所趋。

模式创新是管道直饮水发展的动力。现有管道直饮水市场主要由专业的供水企业为主体，与提供净水技术和设备的净水企业（青岛华水、碧水源、金科环境、深水海纳、华夏源洁）等以项目合作、承办代营、委托代管等模式开展区域性管道直饮水系统工程的建设与运营，双方发挥各自的机制优势、技术优势和工程优势。但就管道直饮水全流程产业链的发展来说，供水企业在当地资源、水质检验检测、运营管理、用户终端服务、品牌信任等方面的优势未完全发挥。供水企业、公共单位、净水企业进行产业联合，优势互补，助力供水企业转型升级，高质量发展，推动管道直饮水产业发展进程。

技术创新是管道直饮水发展的基础。管道直饮水系统的核心技术在于净水与杀菌，主要由臭氧活性炭共生、纳滤、反渗透膜过滤、活性炭过滤、臭氧UV耦合、UV杀菌等技术组成。技术创新方向主要从净水技术、杀菌技术和管理技术入手，以节约水资源、节约能源、节约占地为发展导向，推动净水技术和杀菌技术的革新。

数字化转型是管道直饮水的必由之路。数字化转型几乎是现阶段所有行业的共识，管道直饮水产业未来发展方向同样如此。从水源到管网到水龙头，如何保证直饮水的安全性、经济性，管理智能化需要数字化、智慧化的科学管理系统来实现，让用户终端、供水企业和运维人员三者之间形成共同监督的管理网络。从技术层面上来说，利用数字化的优势，有助于供水企业在更新迭代过程中保持持续优化的趋势从而促进产业可持续发展。从业务层面来说，构建数字化直饮水产业链与供应链，有利于增强产业链供应链韧性，加快企业数字化转型，助力产业升级；同时利用数字技术带来的业务模式转变将带来新一波的发展机遇从而获得更好的产业生态定位。综合而言，数字化转型是管道直饮水产业实现智慧水务的发展支撑。

1.3.2.4 功能水发展趋势

纵观健康饮水三大核心产业发展方向，无论是发展中高端品牌优质包装饮用水产业，以过滤技术为核心功能化、智慧化发展的净水机产业，还是以实现全城直饮为最终目标的管道直饮水，其发展的首要方向和趋势都是要让人民群众喝上健康水。同时，市场上近年来出现的功能水受到大众普遍关注，在此做一些说明。功能水指的是具有一定程度加强人体生命活动和生理调节功能的饮用水，纵观国内外市场，功能水的品类趋向于"水+"形式，如"水+氢""水+纤维""水+蛋白""水+元素"等，应对特定的消费场景（能量供应、身体免疫、疾病预防、泡茶养生）具有不同的产品配比来满足不同消费群体的需求。具体可以分为以下三类：第一类是关注喝水的成分，推出含特定矿物质的功能水，如低氘水、低钠水、偏硅酸水、含硒水、锂水，作用是有助于使人体更好地新陈代谢；第二类是创新制水工艺，如运用物理加压的氢工艺、旋转磁场技术等创新技术生产的小分子团水、富氢离子水，作用是提高水质渗透力和溶解性，有助于人体更好吸收水中营养；第三类是一些养生、药用成分的加入，如益生菌水、植物基水等，具有“轻养生”的作用。现阶段各类功能水发展十分迅速且竞争激烈，主要是以包装饮用水和功能性净水机产业发展方向为分支，但实现该产业的高质量快速发展仍然需要科学论证和法律法规这两个端口去做更多的支撑，保证产品真实定位和功效，约束产品夸张广告宣传，助力功能水向更好的方向发展。

1.3.3 配套产业发展方向

1.3.3.1 包装饮用水配套产业

包装印刷产业：以可降解、可持续、可回收为包装特色的重点之一，发挥品牌的社会责任感；以功能化、生态化、特色化为方向，通过改变包装印刷的形态、材质、使用率等为创新点和发力点，大力发展具有产品特色的现代化包装印刷产品，满足产品推广和价值传播需求。

仓储物流：以水资源分布为点，以龙头企业、企业集群所在地交通运输（公路、铁路）网络条件为线，提前布局面向全国乃至周边国家的饮用水现代化物流体系。

水质检验检测：应依托水源地或企业当地产品质量监督所及相关科研院所，加快发展天然饮用水质量检测、质量认证与追溯等服务。应加快健康水第三方检测建设，加快形成专业化、市场化和国际化检测趋势，促进健康水检测从“事业”到“产业”的转变。重点提高重金属、微生物、化学危害物质等涉及饮用水安全的关键性控制项目检测检出限、检测准确度和检测速度。

其他应针对性发展电子商务、知识产权交易等配套服务业，为包装饮用水产业提供人才保障和法律保护基础等。

1.3.3.2 净水机配套产业

净水技术：应以节水、节能、节耗材为主要发展原则，加快研发安全环保创新的净水新材料，促进净水技术集成化、模块化、标准化发展，提高产品对不同进水水质和用户需求的适用性。

产品检验检测技术：应实时跟进国内外最新健康饮水水质标准，完善净水机产品更新换代的质量检验检测能力建设，重点关注水质中微量矿物质元素含量、营养生理功能等项目检测，扩大净水机产品抽检覆盖面。

其他应针对性发展技术研发、产品设计、人才培训、产品推介与展示等，积极拓展中高端净水机品牌市场空间，扩大国际贸易市场。

1.3.3.3 管道直饮水配套产业

生产过程质量控制技术：提高生产过程在线监测和质量控制水平，建立对饮用水消毒副产物、微生物、污染物、杂质等定性定量分析关键指标的监测和控制方法。

管材制造业：应加快发展先进环保管网制造材料的研发与制

造，引进先进技术与设备，有效服务于直饮水管网铺设与升级改造工程。

设备制造业：应以节水、节能和节药技术为核心，改善管网水净化处理过程中的处理工艺，根据水源水质特点智能调节提高水资源利用率。

规划设计业：应以全城直饮基础工程建设为契机，加快区域直饮供水管网改造设计规划，做好直饮水系统建设落成服务。

管道直饮水产业属于民生工程，政府应主导协助供水企业建立水源全程追溯协作机制，完善统一权威的水安全监管体制，建立职业化检查员队伍，加强水源水、终端直饮水检验检测能力建设，强化日常监督管理。应针对性发展终端服务、运营管理等配套服务业，建立以数字化技术为核心的智能直饮水系统共享服务平台。

第2章

中国健康饮水产业发展的基础

2.1 产业历史与现状

我国饮用水产业经过多年的发展逐渐走向成熟，从井水、自来水、桶装水，到现在的健康直饮水，随着中国人民群众的文化水平、生活品质和健康意识的提高，人们已经不满足于仅仅饮用安全洁净的水，而追求舒适而健康的水。我国良好的经济形势给人们生活水平带来了显著提高，健康饮水相关产品作为居民日常生活的必需品或改善性用品，近些年在新市场的发展和原有市场品质改善的需求下，产业整体实现了较大的增长。

2.1.1 包装饮用水产业起源、发展近况及现状

中国包装饮用水产业始于20世纪初。1900年，德国商人在青岛崂山余脉的伊尔蒂斯山（现太平山）发现了中国第一口矿泉水水井——刺猬井，当时福柏医院（现青岛人民医院）的德国科

学家检验证明了此水具有很高的保健和医疗价值，可以用来治疗多种慢性疾病。自此，崂山矿泉水的声名鹊起。1930 年，水厂转卖给德国美最时洋行，由德国化学博士罗德维担任厂长。同年，罗德维经过化验分析发现“刺猬井”的水质与法国当时著名的威士矿泉水非常相似，于是试制装瓶，中国历史上第一瓶天然矿泉水就此诞生——爱乐阔（ALAC）矿泉水。1965 年，我国第一个自主开发的矿泉水品牌龙川“霍山牌”正式成立。1984 年，中国龙环（蛇口）有限公司（华润怡宝前身）成立。1990 年，华润怡宝在国内推出纯净水，是国内早期专业化生产包装饮用水的企业之一，主要销售“怡宝”牌系列包装饮用水。我国最早的桶装水则于 1991 年由珠海加林山矿泉水公司率先推出第一桶五加仑桶装水，开创了市场并且带动了桶装水产业的发展。2000 年，“天然水和纯净水”之战由农夫山泉拉开帷幕，随后农夫山泉宣布全面停产纯净水，全部生产天然水。2002 年，矿泉水、纯净水的争霸格局被打破，形成天然山泉水、矿泉水、纯净水的新格局。2003 年，康师傅矿物质水上市，其他品牌也竞相推出矿物质水。2004 年，景田进入矿泉水领域，“水中贵族”百岁山就此诞生。2013 年底，恒大冰泉的横空出世使消费者对矿泉水这一品类逐渐熟悉并认可。2015～2018 年间，农夫山泉、怡宝和百岁山的市场占有率稳步上升。目前，中国瓶装水市场有 3000 多个品牌，其中农夫山泉、怡宝、娃哈哈、康师傅、百岁山、冰露这六大品牌占据了 80% 的市场份额。近年来，受益于消费者健康意识增强、消费观念升级、销售渠道日益多元化等因素，我国包装饮用水产业逐年稳步增长。与此同时，随着消费者对饮水健康关注度的提高，国内矿泉水市场也保持着稳步上升的趋势。目前国内的高端水市场仍以外资品牌为主，市场上一些全球知名的包装饮用水品牌主要包括：雀巢、达能、可口可乐、百事可乐、三得利等。

2.1.2 净水机产业起源、发展近况及现状

现代净水机起源于20世纪70年代末的美国，并于80年代中期进入中国上海。上海是中国工业发达的城市，进口新产品种类多。另外，基于当时的上海自来水水质，人们迫切需要净水机来改善自来水的口感。1986年，我国首台净水机——上海"仙童"牌净水机问世，揭开了我国生产现代净水机的历史。由童立山先生等四人创办的"仙童净水科技有限公司"开发并生产了我国首台家用净水机和单位团体用净水机。后来，童立山将公司迁至深圳，公司名称改为"深圳新世纪饮水科技有限公司"，产品品牌也由"仙童"改为现在的"安吉尔"。20世纪80~90年代，我国净水机行业逐步开始发展起来，但是起步时门槛较低，入场企业较多。该时期净水机由于产品质量不高、服务差，并且缺乏监督管理，引发了媒体曝光和质疑。随后净水机产品行业一落千丈，生产企业从800多家跌落到不满30家。1998年后，卫生部对净水机实行行政审批的市场准入制，如果没有卫生许可批件，不得生产、销售净水机。得益于卫生部对净水机的生产和产品质量的监督管理，许多小厂被挡在门外，净水机产品的档次有所提升，产品质量、服务意识也有了很大提高。因此，这一阶段的净水机行业在规范化管理下发展迅速，产品品种也呈现多样化的趋势。20世纪60年代，越来越多的美国学者与专家开始研究反渗透膜（RO），从此RO净水机迅速发展。RO净水机主要采用了反渗透膜的高精度过滤技术，过滤精度可以高达0.0001微米，

它能去除水中的绝大多数物质，保证出水接近纯净水的标准，消费者可以直接饮用。我国从20世纪90年代初开始引进RO技术，用于指导采用淡化水、雨雪水、雨水等为饮用水时的矿化管理。根据工业和信息化部赛迪研究院公布的相关数据显示，我国净水设备经历了多年的快速发展之后，2016~2020年稳健发展。新冠疫情出现之前的2019年，线上家用净水设备的表现远远强于整体产业市场，线上净水设备的零售量和零售额分别达到1029万台和86亿元，同比增长12.6%和22.4%。且2019年净水设备市场高端化趋势明显。消费者对中高端产品需求旺盛，得益于新技术、新功能的不断涌现，中高端净水设备的市场占比进一步增加。随着三、四级市场用户消费需求的提升，可以预测净水设备在未来仍有不小的增长空间。2020年因疫情原因，房地产开工不足，直接影响产业市场的进一步发展，同样在零售端线下客流锐减，造成全产业景气度下降，据奥维云网（AVC）数据显示，2020年净水产品整体规模仅有356.2亿元，同比下滑21.1%。从净水产品各品类发展情况来看，未来消费级市场将继续以厨房末端净水器为主。从末端净水器发展情况来看，因疫情原因，2020年上半年整体市场大幅度下滑，下半年市场逐步恢复，全年市场下滑幅度较大，据奥维云网（AVC）数据显示，2020年末端净水器市场规模239.0亿元，同比下滑22.7%，但从长远来看，净水器市场普及率依然较低，未来几年市场将依托一、二线新增和三、四线市场下沉及一、二线市场换新三大要素实现市场恢复及增长。2021年我国净水机市场销售额约为227.4亿元，同比下降4.9%。2022年上半年，净水机零售额约为84亿元，同比下降17.4%。目前健康饮水产业中企业数量已经超过了3000家，市场处于完全竞争状态，市场份额较为分散。进口净水机品牌开始抢占市场，与本土净水机品牌展开厮杀。

2.1.3 管道直饮水起源、发展近况及现状

上海于1996年率先在锦华小区实验建设了国内第一个直饮水系统——管道分质供水系统。1999年我国台湾台北市开始推行城市直饮水，2006年台北市公共场所生饮台已在公园、市政大楼、市辖各机关、学校及观光饭店等213处公共场所，共设置1776座，供民众直接饮用。自来水直饮的相关配合措施包括供水管线及水压确认、用水设备的勘查及辅导改善、生饮台水质的确认、饮水卫生及自主维护管理培训、余氯检测药剂及比色计的提供、自主维护管理制度的建立、各生饮台水质检验报表定期公布等。1999~2006年开展培训超过60批次，参训人数超过3000人。其中最值得欣慰的成果是台北市中小学已有超过1/4（68所）的学校实施生饮，且成效良好。[①] 2000年香港地区水务署开始推广"大厦优质食水认可计划"。我国香港采用政府供应直饮水的形式来达到健康饮水的目的。目前香港使用的是WHO《饮用水水质准则》标准，水质保证措施上，一方面，推广"大厦优质食水认可计划"促使物业单位定时检测水管系统，清理水箱；另一方面，针对大部分公共管网建设于20世纪60~70年代，如今使用老化的情况，香港水务署从2000年开始的15年内逐步更换及修复3000千米水管。同时，为避免用户不当使用净水机滋

① 史午康. 由台北推动生饮的经验谈自来水的水质管理［J］. 城镇供水，2006（1）：2.

生细菌，受污染的水回流影响大厦其他居民的饮水安全，《水务设施规例》第24条规定，未经水务署许可，用户不得擅自安装或使用滤水器等用水器具。[①] 澳门受地理环境限制，澳门的饮用水主要由中国内地供应，澳门的饮用水水源基本来自珠海境内的磨刀门，占澳门供水量的98%以上。饮用水输送澳门后再由澳门自来水公司加以氯化消毒及过滤。澳门饮用水以欧盟饮水指令为标准，采用美国公共卫生协会的检验方法检定物理化学参数，采用美国环保局的饮用水质量标准检验方法检验微生物，并通过实验研究验证标准体系的科学性和适用性。[②] 2019年深圳市盐田区率先建成了全市首个自来水的直饮示范区，开创了我国大陆地区自来水直饮的先河。上海首个高品质饮用水试验示范区建于闵行，于2021年上半年全面建成，规划受益人口10万人。该项目是国家“十三五”水体污染控制与治理科技重大专项的组成部分，目前已发挥初步效益，符合上海2035年成为全球卓越城市的规划格局，全面提升上海市饮用水水质、与国际先进城市饮用水水质接轨的目标。《苏州市供水条例》中明确提出苏州对标上海和深圳，已经按照全网直饮的要求制定了相关规划，鼓励推行管道直饮水设施建设，在高铁新城全区域范围内试点实施。

---

① 李永宁．严格监管大厦供水系统140万市民可直饮自来水［N］．人民日报，2012-07-09.

② 谢伟．澳门与内地饮用水法律制度比较研究［C］．中国可持续发展论坛，2010.

2.2 水质标准对产业的引导

2.2.1 水质标准发展的阶段划分

水质标准的发展总体分为：卫生、安全和健康三个阶段。饮用水水质是影响经济发展、社会稳定和人体健康的重要因素，是国家中长期科技发展规划的重要研究内容，也是目前我国乃至全球面临的严峻挑战之一（见图2－1）。

2.2.2 卫生学阶段与产业发展

早在公元初和古罗马时期人们就已经开始将水质、水质卫生和疾病的发生联系起来，通过广泛采取措施保持水质纯净，提供高质量的饮用水，并对用过的水进行处置。人类历史上最早的关于饮用水水质优劣的标准是由罗马建筑师和工程师维特鲁威（Vitrurius）于公元前一世纪提出来的，他根据水在煮沸以后的反应、蔬菜在水中煮熟以后的滋味以及人们饮用水后对健康的影响来确定水质的好坏。中国人历来喜欢饮茶，由此形成好茶必须由好水泡制的文化，那如何判断好水呢？乾隆帝发明了一个简单方法：用纯银制作标准银斗一只，用该银斗盛满各地泉水称重，同样的体积，重量越轻，他认为水质越好、杂质越少，由此定出天下第一泉、天下第二泉等。显然这些方法都缺少科学性。

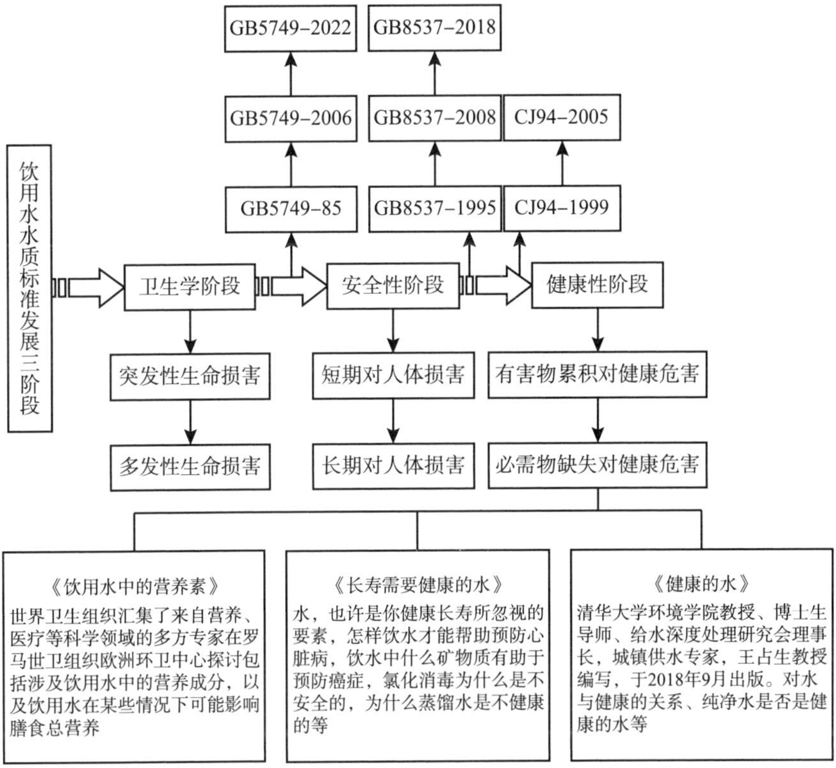

图2-1　我国饮用水水质标准发展三阶段总览

中世纪到18世纪时期，罗马由于皇帝的逊位和管理机构的解散导致原有的公共卫生保障系统失于维修，垃圾和粪便布满街道，下水道和其他排水管道缺乏，污物随处可见，公共和个人卫生措施的忽略导致流行病盛行。在大死亡时期，由于食物和饮水不洁引起的伤寒和霍乱性腹泻十分普遍，导致欧洲人口大幅度减少。虽然流行病是可以通过预防和隔离来达到阻止感染的观念逐渐被认知，但发病原因尚不明朗。紧接着中世纪的文艺复兴时期，人口拥挤、瘟疫流行、卫生状况差、水质受污染的局势基本没有改变。

直到人们认识到致病细菌与饮用水中污染物有关，美国首次提出水质标准后水质卫生学逐渐发展。1853 年英国伦敦暴发大面积霍乱，约翰·斯诺（John Snow）医生通过关闭伦敦苏荷区的宽街（Broadway）街区的泵站后发现该街区的霍乱发病率显著下降，重新开启后该街区的霍乱发病率又重新上升，由此断定霍乱与水有关。其后法国微生物学家巴斯德提出了水中微生物致病理论，解释了饮用水导致流行病暴发的问题。在此基础上，关于水中微生物与人体健康的认识以及检测方法得到了极大发展。美国由此在 1914 年提出了第一个具有现代科学意义的水质标准，对水处理产业有了实质性推动。该标准的条款仅限于细菌性水质指标，规定总细菌含量限值为 100CFU/mL（一直沿用至今），另外规定在所有检查样本中，5 个超过 10CFU/mL 的子样中含 E. coli（现称为 Escherichia coli 大肠杆菌）的子样不应多于 1 个。该标准制定后被广泛采用，并于 1925 年、1942 年、1946 年和 1962 年修订。这一系列标准主要关注水质微生物学指标（细菌、病毒、浊度等），因此被称为水质卫生学阶段。

饮用水卫生学的问题随着饮用水标准的制定得到重视，消毒技术的发展使得用水卫生得到控制。以美国为例，通过消毒技术的普及，民众伤寒病亡率从 1910 年的 20.5%（每 10 万人）降低到 2003 年的零病亡率，发病率也几乎为零，极个别病例是由于在美国境外旅游引起的。而世界卫生组织（WHO）的调查报告显示，在发展中国家 80% 的疾病诱因与饮用水不安全有关。其主要原因在于这些地区不能使用合适的消毒技术，消毒管理水平相对较差，容易引起因微生物感染引起的急性疾病的感染传播。对此，世界卫生组织饮用水水质准则指出微生物是威胁饮用水安全的首要问题。

新的微生物安全问题也在不断出现。随着微生物学的发展，多种新的介水病原微生物被发现。例如 1976 年以来首次发现的嗜肺军团菌、世界各地相继发生的具有耐氯性贾第鞭毛虫和隐孢子虫的流行，以及近年来出现的水中对抗生素有抗性的“超级细菌”问题，都在迫切推动消毒技术以及微生物检测技术的发展。

基于上述原因，世界卫生组织及各国饮用水水质主管部门都将饮用水水质的卫生学指标作为水质标准制定和管理的重点，确保饮用水微生物指标达标仍然是一项长期而艰巨的任务。世界卫生组织饮用水水质准则中水源性疾病病原体指标由最初的 2 项增加到第四版的 28 项；美国环境保护局（EPA）最新的《饮用水水质准则和健康建议》中微生物指标有 7 项，包括贾第鞭毛虫、隐孢子虫、军团菌、细菌总数、粪大肠菌和大肠埃希菌、总大肠菌群、肠道病毒和浊度。我国在《生活饮用水卫生标准》（GB5749－2022）中也提出饮用水首先要保证流行病学上安全，即不得含有病原微生物的规定。水质微生物学指标由 1985 年旧标准的 2 项增至 5 项，增加了大肠埃希氏菌、贾第鞭毛虫和隐孢子虫，修订了总大肠菌群 1 项。经过近 10 年发展，水处理产业已经由水质卫生阶段向水质安全阶段转变。

2.2.3 安全性阶段与产业发展

控制饮用水水质的卫生学问题最有效的技术手段是采用氯消毒，但 1972 年由罗克（Rook）等首先报道饮用水中由于加氯而检出有三氯甲烷等微量致癌有机物的结果引起公众的普遍关注。同年，美国公布了对路易斯安那州（Louisiana）的密西西比河水质的调查报告，取样点包括从新奥尔良的卡罗尔顿（Carrollton）

水处理厂出水，从这些水样浓缩和分离出了 36 种人工合成有机物（SOCs）。基于这些发现，美国环保局于1974 年底宣布要进行全国范围内饮用水三卤甲烷（THMs）问题的调查，这次调查称作全国有机物调查（NORS），于 1975 年完成。虽然当时对饮用水中的 THMs 和 SOCs 对人体的健康影响还不清楚，并且低浓度的有机化学物和消毒副产品对健康的影响至今仍需进一步研究，但水处理产业在安全阶段已产生健康萌芽，也因此将 1974 年作为健康元年。为保障饮用水安全，考虑饮用水中微量有机物对人体长期、潜在的危害，美国国会通过了联邦立法，要求制定全国性的计划，保护全国的公众饮用水系统的质量。美国众议院和参议院于 1974 年 11 月通过了安全饮用水的提案，1974 年 12 月 6 日安全饮用水法案（SDWA）被签署为法令，即公众法（Public Law）93 – 523（SDWA，11974），该法案是全世界第一部关于饮用水安全的法律，以后为其他国家所仿效。安全饮用水法的制定，标志饮用水水质的理念从只保障卫生学指标合格又向前大大跨进了一步。

饮用水水质的安全性是目前各国水质标准和水处理产业关注的热点问题。由于化学工业的发展，人工合成的有机物快速增加，部分合成有机物（SOCs）通过多种途径进入天然水体和供水系统，虽然浓度很低，通常为微克每升水平或者更低的浓度，但其危害不可小觑。我国环保部的一项调查在 56 个城市的 206 个饮用水源地中共检出 132 种有机污染物，其中 103 种属于优先控制污染物。近年来又有大量新污染物引起高度关注，如内分泌干扰物（EDCs）、个人护理品和药品（PPCPs）等，其中抗生素问题比较突出，因此对有害物质种类和浓度限值的规定是目前饮用水标准制定的重要内容。

饮用水安全性理念与卫生学理念的区别在于通常卫生学指标不达标导致的水质问题是急性的，如细菌感染导致大面积暴发传播，其危害现象易发现，危害程度可控，但化学安全性指标导致的水质危害往往是潜在的、进程缓慢的隐患，如致癌、致突等，需要长时间累积，难以引起重视且治理过程更为复杂。因此，随着人们对安全认知不断深入，水处理产业的技术升级也在不断发展。

关于饮用水安全性指标设定一般基于两方面的因素：健康目标和经济技术可行性。健康目标一般考虑的要素是三个：一是成人每日饮水量为 2 升；二是人的平均预期寿命为 70 岁；三是伤残调整生命年（disability-adjusted life year，DALY）。伤残调整生命年等于生命损失的年数与残疾或疾病的生活年数，通常可容许的疾病负担被定义为每人每年上限为 10～6DALY，也可以简单理解为 70 年间日常摄入该水质目标下的饮用水，每 1 百万人增加一例癌症案例，作为饮用水准则中用来确定遗传毒性致癌物指导值的风险水平的依据。根据健康目标，同时考虑去除饮用水中这些有害物质的可行性技术和处理成本进行饮用水水质指标限制的制定，这一制定也实质性推动了水处理健康产业的发展。

根据上述原则和《安全饮用水法》，美国环保署制定了一系列饮用水标准，并定期修订相关标准，世界卫生组织、欧盟、其他国家也陆续借鉴美国的方法和经验，制定相关的饮用水标准。我国由于前期工作基础弱，采用综合借鉴各国标准的方式，已有的饮用水标准（GB5749－2022）从实施到强制实施历时 6 年，共有指标 97 项，其中毒理学指标为 18 项，充分说明对毒理学指标的重视程度。

整体来说，目前的饮用水卫生学和安全性指标是饮用水产业的重点关注指标，尤其是安全性指标。随着污染物种类的增加，水质标准限制的种类也随之增加，名单越来越长。以我国为例，1985年版的《生活饮用水标准》总项数为35项，毒理学指标才15项；到2006年版指标增加到106项，毒理学指标增加到74项。最新的2022年版水质指标总量和毒理学指标总量虽有减少，但水质参考指标增加了27项。因此在未来相当长的时间内，水处理产业仍然需要花大力气重视和研究饮用水卫生学和安全性方面的挑战。

2.2.4 健康性阶段与产业发展

饮用水水质发展的第三个阶段为健康性阶段。与前两个阶段不同，健康性除了关注对人体健康有害的指标及限值外，也关注对人体有益的指标的限值，但现阶段仍存在一些发展阻碍。一方面，生活饮用水水质标准缺乏对水质指标最低限值的规定。从饮水健康与营养的关系来看，水中的各项指标并不都是越低越好，越纯越好。主要是由于水中的某些矿物质、微量元素与人们的健康息息相关，是人们保证膳食平衡所必需摄入的。尤其是诸如钙、镁、铜、锌、锶、碘、氟等微量元素对人体健康具有有益作用，而长期饮用低矿物质水则会存在健康隐患。《饮用天然矿泉水》（GB8537－2008）规定了7项界限指标，对人体健康有益的元素锂、锶、锌、偏硅酸、硒、溶解性总固体等都规定了最低限值，饮用水标准是否可以借鉴这些指标设定最低限值也有重要的现实意义。另一方面，急需解决一个水质与健康的关系问题即淡化海水的矿化标准。在一些淡水资源缺乏的岛屿地区，采用海水淡化技术作为应用水的需求十分迫切。我国也建设了一些大型海水淡化厂，国务院也相继发布了“十二五”和“十三五”海水淡化规划，但由于海水淡化的技术存在瓶颈，基本无法实现将淡化后的海水作为饮用水饮用。其中，主要困难就在于淡化海水腐蚀性强、纯度高，目前还没有淡化海水矿化水质标准，钙、镁等必需元素、微量元素是否要投加和投加多少、淡化海水未矿化是否能长期饮用等都存在质疑。国外虽然有些淡化海水的矿化经验，但也不够完善，如以色列的矿化标准只规定了 pH 值、硬度；世界卫生组织关于脱盐水的矿化问题也是语焉不详，说明如何矿化是目前全球水处理健康产业共同的问题。

除此之外，水中加氢气是关于水质与健康关系的又一个热点领域。人体暴露的氢气主要为内源性气体，肠道菌群能产生大量的氢气。目前尚未发现氢气对人体有毒副作用，如吸入 50% 的氢气可以克服深海潜水导致的高压神经综合征，缓解代谢综合征等。氢气由于其易于扩散的特质可到达其他药物不易到达的部位，进入线粒体、细胞核内，还可穿越血脑屏障。最重要的是，气体氢并不会与超氧化物自由基及过氧化氢反应，二者在体内均有重要的生理作用。近 5 年间，氢气已被发现可作为医用气体有效地作用于 63 种疾病动物模型，包括脑梗死、帕金森症等。针对通过饮用水中加氢来改善人体健康，日本已经开展了较多的相关研究，并取得丰富成果。如碱性加氢水缓解胃溃疡的动物研究发现，饮用两周时间的碱性加氢水可在大鼠体内有效抑制由盐酸 - 阿司匹林导致的胃溃疡，且观察到明显的氢气剂量效应关系，虽然碱度可能是抑制胃溃疡的一个原因，但作用没有氢气显著，另外发现碱性加氢水对大鼠未产生可见的不利健康影响。

另外，关于水分子团簇结构特性及对人体健康的影响也一直有相关的研究，虽然结论尚不明确，但一直引人关注，如果有更多的研究，对水的团簇结构特性将认识越来越清楚。水处理健康产业在不断细分和深入。

2.3 产业技术和研发基础

“十三五”期间随着我国经济快速发展，GDP 稳步增长，在新市场的发展和原有市场品质改善的需求下，产业整体市场实现了较大的增长。

2.3.1 产业分类

中国健康饮水产业主要以包装饮用水、家（商）用净水机、管道直饮水三大产业为主。

2.3.1.1 包装饮用水

根据《食品安全国家标准包装饮用水》（GB19298－2014）要求，包装饮用水除了饮用天然矿泉水之外，还分为两种类别：饮用纯净水和其他饮用水。饮用天然矿泉水在国家标准《饮用天然矿泉水》（GB8537－2018）中的定义为：从地下深处自然涌出的或经钻井采集的，含有一定量的矿物质、微量元素或其他成分，在一定区域内未受污染并采取预防措施避免污染的水。同时，各类矿物质含量应符合相应的界限指标规定。饮用纯净水是指根据《瓶装饮用纯净水》（GB17323－1998）规定的以符合生活饮用水卫生标准的水为原料，通过电渗析法、离子交换法、反渗透法、蒸馏法及其他适当的加工方法制得的，密封于容器中且不含任何添加物可直接饮用的水。饮用纯净水经过处理去除了水中有机成分、有害物质和微生物等，同时也去除了有益的矿物质。其他饮用水是指以符合原料要求的水为生产用源水，经适当的加工处理，可适量添加食品添加剂，但不得添加糖、甜味剂、香精香料或者其他食品配料加工制成的包装饮用水。

包装饮用水曾经是自来水以外主要的健康饮水渠道，但在行业的发展过程中，桶装水经历了“黑桶事件”、价格战等冲击。从事包装饮用水的知名企业主要有农夫山泉、怡宝、崂山矿泉、景田百岁山、康师傅、今麦郎凉白开、昆仑山等，市场占有率高。从人均包装水消费量来看，2019 年我国包装水人均消费量 31. 2 升，远低于美国 108. 7 升、欧洲 98. 4 升等西方产业成熟国家，与韩国 51. 9 升及日本 35. 6 升也有一定差距，行业有较大增长空间。

2. 3. 1. 2　家（商）用净水设备

随着人们用水安全意识的提高，人们越来越注重生活品质，家（商）用净水设备应运而生，成为近几年发展迅猛的一个产业。

家（商）用净水设备不仅能满足消费者日常饮用水需要，还能够解决家庭或者企业的用水问题。安装净水机是减少病原微生物通过水媒传播的重要措施之一，对家（商）用净水机行业而言不论是换新还是新增都有积极的推动作用。受新冠疫情的影响，人们对于饮水安全的要求更为苛刻，特别是医院、商务办公楼、学校等公共场所。虽然净水机产业受疫情影响呈现波动，但从长远来看，净水器市场普及率依然较低，未来几年市场将依托一、二线新增和三、四线市场下沉及一、二线市场换新实现市场恢复及增长。家（商）用净水器企业的类型主要分为专业净水制造商、传统家电企业、外资企业等。专业净水制造商有碧水源、沁园、安吉尔、立升等；传统家电企业以其渠道优势进入家用净水器，代表企业有美的、海尔、日出东方、九阳等；而外资企业在健康饮水产业的代表有 3M、A. O 史密斯、怡口等，大多以家用反渗透净水器为主要产品。其中 3M 运用其独特的核心“一体倍滤专利技术”，在去除有害污染物的同时，保留水中有益的矿物质。

净水器产业面临着品牌众多但同质化严重的问题，更健康且节能的纳滤净水器市场份额很低，仅有 3%，未来应往健康化、节能化和品牌化方面发展。碧水源作为纳滤净水器的专业生产制造商，率先驶入新赛道。碧水源成立于 2001 年，专注于膜材料研发、膜装备制造、膜工艺应用，是全球领先的膜装备生产制造商和供应商之一。2009 年，碧水源集团投资成立北京碧水源净水科技有限公司，正式进入民用净水器领域。碧水源专注纳滤净水器的研发、生产、销售，创新推出专利 SF PRO + 电荷筛选纳滤技术，既能高效去除水中有害物质，同时适量保留有益天然矿物质，相比“过度净化”的传统净水器更健康，推动了净水技术从安全到健康的发展革新。此类净水器运行压力低、通量大，净水产水率高达 75%，优于国家一级水效标准（GB34914 – 2021），更节水省电。

2.3.1.3 管道直饮水

管道直饮水近年来在我国深圳、上海等地开始试点推广，未来将逐渐普及。

2.3.2 产业技术情况

2.3.2.1 技术情况概述

总体来看，健康水产业技术主要分为以下五类：膜处理技术、臭氧氧化技术、活性炭吸附技术、高级氧化技术和供水管网末梢微循环技术。

2.3.2.2 膜处理技术

膜处理技术的原理是以压力为推动力，利用机械筛分作用来分离水中杂质，根据过滤精度不同形成四种技术类型（见图2－2）：微滤（MF）、超滤（UF）、纳滤（NF）以及反渗透（RO）。

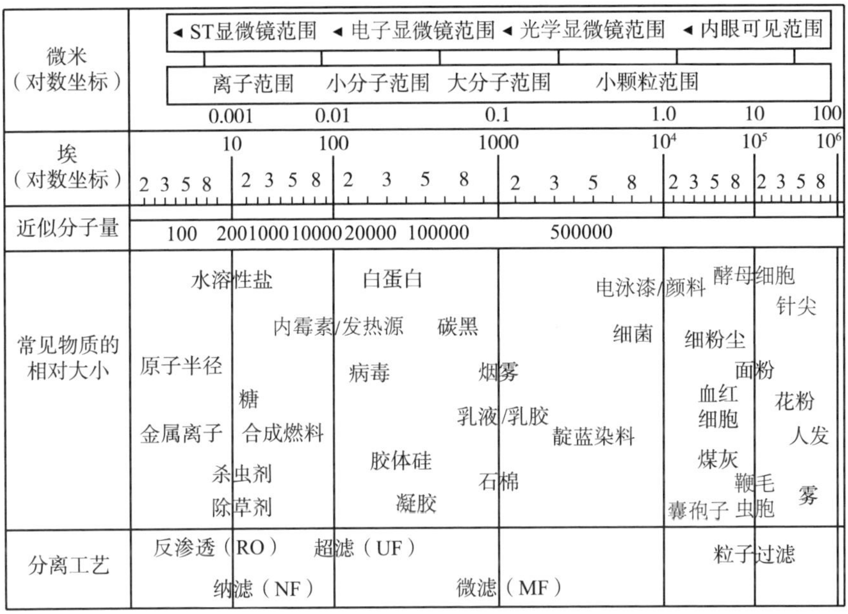

图2－2 膜处理技术分类及特点

资料来源：作者根据美国Osmonics公司公开资料整理。

（1）微滤（MF）

微滤又称微孔过滤，是过滤精度通常为0.1～50微米，以微孔滤膜（PP滤芯、活性炭滤芯、陶瓷滤芯等）为过滤介质，在0.1～0.3兆帕的压力推动下，截留溶液中的砂砾、淤泥、黏土等颗粒和贾第虫、隐孢子虫、藻类和一些细菌等，而大量溶剂、小分子及少量大分子溶质都能透过微滤膜的分离过程。

微滤的过滤原理有三种：筛分、滤饼层过滤、深层过滤。一般认为微滤的分离机理为筛分机理，膜的物理结构起决定作用。此外，吸附和电性能等因素对截留率也有影响。其有效分离范围为0.1～10微米的粒子，操作静压差为0.01～0.2兆帕。微滤广泛应用于微电子行业超纯水的终端过滤，各种工业给水的预处理和饮用水的处理等，也是在生物医学、尖端科技中检测微细杂质、进行科学实验的一个重要工具。

（2）超滤（UF）

超滤孔径范围为0.001～0.02微米，操作压力为0.1～0.5兆帕，主要用于截留去除水中的悬浮物、胶体、微粒、细菌和病毒等大分子物质。

超滤膜根据膜材料，可分为有机膜和无机膜。按膜的外形，又可分为：平板式、管式、毛细管式、中空纤维和多孔式。目前家用超滤净水器，多以中空纤维膜为主。超滤膜的工作以筛分机理为主。以中空纤维为例，根据进水方式可分为外压式和内压式：原水从膜丝外进入，通过压力推动，使净水透过膜进入膜丝内，而杂质则留在膜丝外侧的方式称为外压式；反之则为内压式。内压式的工作压力较外压式要低。超滤膜在饮用水深度处理、工业用超纯水和溶液浓缩分离等许多领域中，得到了广泛应用。

（3）纳滤（NF）

纳滤是以压力差为推动力，介于反渗透和超滤之间的截留水中粒径为纳米级颗粒物的一种膜分离技术。它具备以下显著特征，一是对于液体中分子量为数百的有机小分子具有分离性能，二是对于不同价态的阴离子具有选择透过性，因此物料的荷电性，离子价数和浓度对膜的分离效应有很大影响。纳滤膜的分离机理为筛分和溶解扩散并存，同时又具有电荷排斥效应，可以有效地去除二价和多价离子、去除分子量大于200的各类物质，可部分去除单价离子和分子量低于200的物质。

纳滤膜大多从反渗透膜衍化而来，如CA、CTA膜、芳族聚酰胺复合膜和磺化聚醚砜膜等。但与反渗透相比，其操作压力更低，因此纳滤又被称作“低压反渗透”或“疏松反渗透”（LooseRO）。由于纳滤膜特殊的孔径范围和制备时的特殊处理（如复合化、荷电化），使得纳滤膜具有较特殊的分离性能。纳滤主要运用于饮用水和工业用水的纯化、废水净化处理、工艺流体中有价值成分的浓缩等方面，近年来在降低废水COD、水源水的色度、硬度和去除饮用水中的有机物（TOC）、三卤甲烷（THMs）前驱物等方面得到广泛应用。

（4）反渗透（RO）

反渗透又称逆渗透，一种以压力差为推动力，从溶液中分离出溶剂的膜分离操作。对膜一侧的料液施加压力，当压力超过它的渗透压时，溶剂会逆着自然渗透的方向作反向渗透。从而在膜的低压侧得到透过的溶剂，即渗透液；高压侧得到浓缩的溶液，即浓缩液。如利用反渗透处理海水时，在膜的低压侧得到淡水，在高压侧得到浓水。

反渗透的过滤精度为0.0001微米左右，操作压力为1～10兆帕。RO能耗大，但反渗透膜几乎可以去除水中一切物质，包括各种悬浮物、胶体、溶解性有机物、无机盐、细菌、微生物等。通常使用非对称膜和复合膜，所用的设备主要是中空纤维式或卷式的膜分离设备。由于反渗透过程简单，对污染物去除彻底，近20年来得到迅速发展。现已大规模应用于海水和苦咸水淡化、锅炉用水软化和废水处理，并与离子交换结合制取高纯水，其应用范围正在扩大，已开始用于乳品、果汁的浓缩以及生化和生物制剂的分离和浓缩方面。21世纪初，反渗透技术已大量应用于饮用水的深度处理上，成为制备纯水的主要技术之一。

2.3.2.3 臭氧氧化技术

臭氧，化学式为O_3，又称三原子氧、超氧，因其类似鱼腥味的臭味而得名，在常温下可以自行还原为氧气。比重比氧大，易溶于水，易分解。

1840年德国科学家舒贝因（Schonbein）将电解和火花放电试验过程中产生的一种异味气体命名为臭氧，臭氧的特性和功能开始进入科学研究领域，在发现其广谱灭菌效果后，逐渐进入了工业化生产应用阶段。1902年，世界第一座采用臭氧处理工艺的大型水厂在德国帕德博恩建立。1937年，世界上第一座使用臭氧处理的商业游泳池在美国启用，目前臭氧已成为奥运水中竞赛项目指定的水消毒方式；1982年瓶装水开始使用臭氧杀菌，矿泉水、纯净水厂家逐渐装备了臭氧设备。到20世纪末，臭氧的工业应用已非常普遍，广泛应用于饮用水处理、污水处理、纸浆漂白、中间体合成、纺织脱色、香料合成、废旧轮胎处理、疾病治疗、仓储运输等领域。以瑞士奥宗尼亚（Ozonia）和德国威德高（WEDECO）为代表的国际臭氧行业知名企业国际化发展扩张迅速，分别于1995年和2002年进入中国市场。我国臭氧技术起步较晚，20世纪70年代中期，国内开始进行臭氧技术的研究开发；90年代，随着矿泉水、纯净水臭氧消毒技术的推广应用，医药行业采用臭氧进行空气杀菌处理，以及小型家用臭氧发生器的应用，促进了我国臭氧行业的发展。2000年后，我国工业用大型臭氧设备制造技术的研究取得大量成果，在臭氧放电管、熔断器、中高频电源等大型臭氧发生器制造的关键技术取得重大突破，研制成功的 3～120 千克/小时的大型中频臭氧发生器，将中国臭氧技术提升到国际先进水平。2010 年，《水处理用臭氧发生器》（CJ/T322－2010）的实施，使我国臭氧发生器标准与国际先进标准接轨，对我国臭氧行业整体技术水平的提升和市场的规范起到重要作用。经过多年的发展，我国的臭氧系统设备制造技术水平和市场规模有了很大提高，并在市政给水、市政污水、工业废水、烟气脱硝、精细化工、泳池消毒、空间消毒、饮料食品等行业得到广泛应用。

臭氧具有很强的氧化性，氧化能力仅次于氟、· OH 和 O（原子氧），其氧化能力是单质氯的 1.52 倍。其氧化机理分为直接氧化和间接氧化，直接氧化反应速率较慢，具有一定的选择性，间接氧化主要是利用自身分解形成的自由基进行链式反应，选择性较小。直接氧化和间接氧化往往同时进行，同时也与反应体系的酸碱性有关，在强酸性介质中以直接氧化反应为主，而在碱性介质中则以自由基间接氧化反应为主。

臭氧氧化技术主要运行在以下三个方面：一是水的消毒，臭氧是一种广谱速效杀菌剂，对各种致病菌及抵抗力较强的芽孢、病毒等都有比氯更好的杀灭效果。经过臭氧消毒可以明显改善水的浊度、色度等物理、化学性状。二是去除微污染物，如内分泌干扰物、抗生素等。三是去除异味和臭味，如去除 2－甲基异莰醇和土嗅素等嗅味污染物。

2.3.2.4　活性炭吸附技术

活性炭是由木质、煤质和石油焦等含碳的原料经热解、活化加工制备而成，具有发达的孔隙结构、较大的比表面积和丰富的表面化学基团，特异性吸附能力较强的炭材料的统称。根据活性炭的外形，通常分为粉状和粒状两大类。粒状活性炭又有圆柱形、球形、空心圆柱形和空心球形以及不规则形状的破碎炭等。随着现代工业和科学技术的发展，出现了许多活性炭新品种，如炭分子筛、微球炭、活性炭纳米管、活性炭纤维等。

活性炭吸附是指利用活性炭的固体表面对水中的一种或多种物质的吸附作用，以达到净化水质的目的。活性炭的吸附能力与活性炭的孔隙大小和结构有关。一般来说，颗粒越小，孔隙扩散速度越快，活性炭的吸附能力就越强。活性炭最早用于去除生活用水的臭味。沼泽水常带土味，湖泊和水库水常带藻类形成的臭味，用活性炭处理最为有效，并且只需在出现臭味时使用。大多用粉状活性炭，直接投入混凝沉淀池或曝气池内，随污泥排除，不再回收利用。活性炭能去除水中产生臭味的物质和有机物，如酚、苯、氯、农药、洗涤剂、三卤甲烷等。此外，对银、镉、铬酸根、氰、锑、砷、铋、锡、汞、铅、镍等离子也有吸附能力。在给水处理厂中，活性炭吸附法又起到保障水质安全的作用。

生物活性炭工艺是始于 20 世纪 70 年代的去除水中有机污染物的一种新工艺。该技术实质是利用活性炭具有巨大比表面积、发达孔隙结构以及优良的吸附性能等特点，以活性炭作为载体构建生物膜，从而形成生物活性炭以对污染物质进行降解。BAC 效果机理：生物活性炭水处理技术以粒状活性炭为载体，在活性炭外表构成生物膜，使用活性炭的吸附效果和生物膜的生物降解效果来去除污染物。在饮用水深度处理中与臭氧氧化技术联用。

2.3.2.5 高级氧化及其他技术

高级氧化技术包括臭氧催化氧化、臭氧微气泡氧化、臭氧活性炭共生技术、紫外线高级氧化技术。

（1）臭氧催化氧化

臭氧催化氧化机理分为自由基理论、表面络合理论、氧空位理论和表面氧原子理论。自由基理论是臭氧吸附在催化剂催化活性中心上，并分解产生更有强氧化性的羟基自由基（·OH）、超氧自由基（$O_2 \cdot^-$）等活性物质，从而在催化剂表面及溶液中引发自由基链式反应将有机物分解，·OH 在臭氧氧化降解污染物中起关键作用。表面络合理论是有空电子轨道的过渡金属与有机物络合，形成金属有机络合物吸附于催化剂表面，随后被臭氧分子直接氧化分解。氧空位即氧化物表面氧原子脱离导致氧缺失，形成晶格缺陷，其对臭氧分解途径具有重要的影响。例如 MnO_2 具有较高的氧迁移效率，在高温下可解析出大量晶格氧，形成氧空位。催化剂表面元素组成为 Mn^{2+}、Mn^{3+} 和 Mn^{4+}，在氧气充足条件下，Mn^{2+}、Mn^{3+} 被氧化为 Mn^{4+}，在氧气不足时，Mn^{4+} 被还原为 Mn^{2+}、Mn^{3+}。Mn^{2+}/Mn^{4+}、Mn^{3+}/Mn^{4+} 相对丰度越高，说明氧空位越丰富。在研究 MnO_2 去除甲硫醇（CH_3SH）时，发现其遵循自由基反应，其主要降解作用的自由基为 $O_2 \cdot^-$、$^1O_2$ 和·OH。非均相催化臭氧氧化不仅存在自由基理论，还存在表面氧原子理论。在催化臭氧氧化过程中，催化剂充当吸附剂作用，水中的臭氧与有机物吸附于催化剂表面进行一系列链式反应。以 ZnO 催化臭氧去除水中腐殖酸（HA）为例，臭氧与 HA 吸附于 ZnO 表面，Zn 元素可与臭氧形成稳定的络合物，从而使臭氧进一步歧化，生成比臭氧分子氧化性更高的氧原子，氧原子可瞬间吸附催化剂表面的有机分子，并向内层扩散，有机分子与臭氧之间发生进一步反应产生氧化有机分子。基于上述四大催化氧化理论，使得臭氧催化氧化在水质净化及深度处理方面有广泛应用。

(2) 臭氧微气泡氧化

微气泡从形成、生长到破裂，这一整个过程被定义为“空化”。在微气泡破裂的瞬间会产生约5000K的局部瞬态温度，从而使水分子分解成·OH和·H自由基，基于微气泡表面带负电荷的特性在一定程度上会增加气液表面的静电吸附，随后利用微气泡破裂产生自由基能够对有机污染物进行高效的降解。另外不同微气泡类型对处理有机污染物的能力也各不相同，如等离子微气泡、臭氧微气泡等。等离子体微气泡氧化作用主要表现在对传质性能的增强和对羟基自由基产生的促进。臭氧微气泡氧化作用除了有·OH自由基发挥作用外，还存在·O自由基的氧化作用，两者协同作用发挥了更高的水净化效率。与传统的臭氧消毒工艺相比，利用微气泡技术结合臭氧使水体消毒的效率得到了大大的提升，可使得灭活大肠杆菌的速率达到99.99%，且气泡尺径越小，对臭氧的利用率更高，同时对水体中枯草芽孢杆菌、病原体等都有显著的灭活效果。超微气泡的另一个功能是大大延长了臭氧在水中的寿命。

(3) 臭氧活性炭共生技术

臭氧活性炭共生是基于自然规律的理科研究成果，其在我国高品质供水领域的应用如图2-3所示。

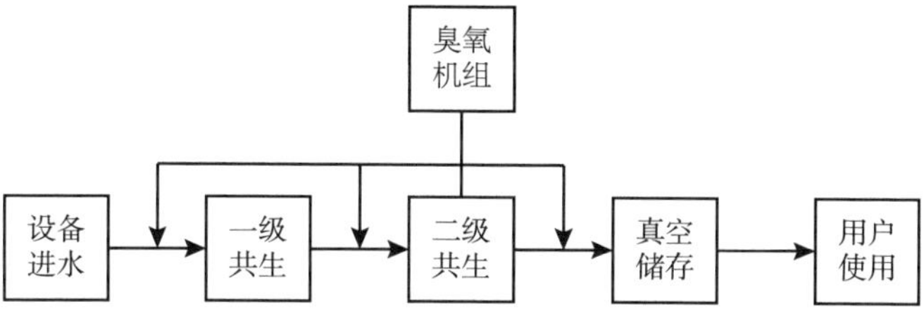

图2-3 臭氧活性炭共生在高品质供水领域的应用流程

臭氧活性炭共生可以在有效去除水中的余氯及有害物质的同时保证活性炭在线再生。这主要是把臭氧通过水射器直接注入密闭活性炭反应器，密闭活性炭反应器承压，压力有助于臭氧气泡对活性炭微孔的深度清理，同时活性炭表面微气泡随水流的切向运动不断更新，不产生生物泄漏风险。

整体来说，该高级氧化技术具有节能节水、运行费用低、净水效率高的特点。主要用于水的真空包装，即采用真空密闭储水装置，制水过程与机组内循环全程无菌、抑菌，实现在机组制水工艺段的水的真空包装。另外，臭氧活性炭共生技术可以与直饮水管网微循环技术组合实现饮用水供水臭氧消毒。

(4) 紫外线消毒技术

紫外线消毒的原理在于利用适当波长（200~280纳米）的紫外线破坏微生物机体细胞中的DNA（脱氧核糖核酸）或RNA（核糖核酸）的分子结构，造成生长性细胞死亡和（或）再生性细胞死亡，达到杀菌消毒的效果。紫外线根据不同波段可分为UVA、UVB、UVC。其中，UVC（波长200~280纳米）能穿透生物的细胞膜和细胞核，破坏DNA，起到消杀各种病菌的效果，如细菌繁殖体、芽孢、病毒、真菌等。在水处理领域，紫外线消毒技术是基于现代防疫学、医学和光动力学，利用特殊设计的高效率、高强度和长寿命的UVC波段紫外光照射流水，灭活水中细菌、病毒、原虫以及其他病原体。

紫外线消毒的特点在于其消毒效果不会受水的化学组成（如氯含量）、温度等影响，不会引入其他杂质，不会额外增加水中的嗅和味，不产生诸如三卤甲烷等类的消毒副产物等。同时紫外杀菌范围广而迅速，处理时间短，其设备管理和运行管理相对简单。但紫外消毒也存在一些缺点，如进水水质需经过一定的前处理以提高紫外线的透过率，如果反应器设计不合理存在消杀死角等。通常紫外线消毒可用于氯气和次氯酸盐供应困难的地区和水处理后对氯的消毒副产物有严格限制的场合。一般认为当水温较低时用紫外线消毒比较经济，常见的紫外和其他工艺组合使用的有 $UV+Cl_2$、$UV+O_3$、UV + NaClO 等的联合消毒工艺。

（5）光催化氧化技术

光催化氧化是将 O_3、H_2O_2 等氧化剂与光辐射相结合利用光激发引发氧化还原反应。以紫外光为催化方式形成的工艺有 $UV+H_2O_2$、$UV+O_3$ 等工艺。

根据光催化剂、反应物和产物相态的不同，可以分为均相光催化氧化和非均相光催化氧化。均相光催化降解一般以 H_2O_2 为介质，通过光催化反应产生羟基自由基使污染物得到降解。紫外光线可以提高氧化反应的效果，是一种有效的催化方式。紫外/臭氧（UV/O_3）组合是通过加速臭氧分解速率，提高羟基自由基的生成速度，并促使有机物形成大量活化分子，来提高难降解有机污染物的处理效率，臭氧紫外多级联保耦合优点是自动化程度高、集成度高、安装方便等优点。应用场景一是包括医院综合体、高端住宅、商务办公综合体等集中式供水；应用场景二是城市社区及农村饮用水安全提升等。

非均相光催化降解利用光照射某些具有能带结构的半导体光催化剂如 TiO_2、ZnO、CdS、WO_3、$SrTiO_3$、Fe_2O_3 等，诱发产生羟基自由基。在水溶液中，水分子在半导体光催化剂的作用下，产生氧化能力极强的羟基自由基，可以氧化分解各种有机物。把这项技术应用于 POPs 的处理，取得良好的效果。

（6）分质供水管网微循环技术

分质供水管网微循环技术特点在于使用真空密闭正压供水，双表计量，供水水表差为用户用水量，具备全循环水龙头，供水循环至取水点，具体运行示意见图 2-4。

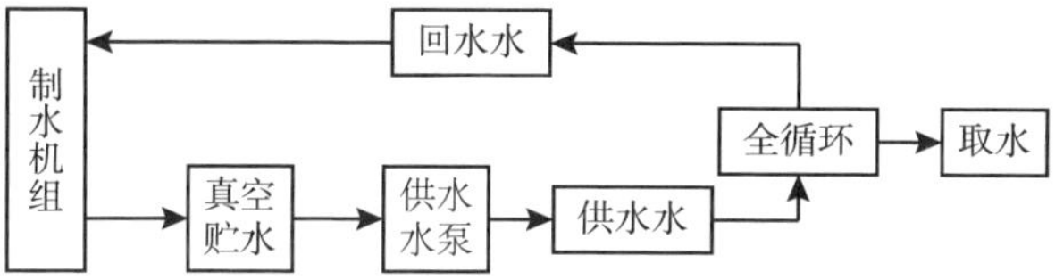

图 2-4　分质供水管网微循环示意

通过真空密闭贮水单体顶板配重，利用活塞原理形成正压，再由净水供水泵、管道送至用水点，通过正压保证供水安全。相较于敞开式供水不会产生二次污染，尽可能地避免了供水安全隐患。

供水全循环包括干管循环、支管循环、终端取水龙头循环。干管循环采用同程方式，支管循环采用双表计量方式，供回水水表的差值为用户用水，终端采用全循环取水龙头。《建筑与小区管道分质供水系统技术规程》（CJJT110-2017）规定，建筑与小区管道分质供水系统设计应设循环管道，供回水管网应设计为同程式。不循环的支管长度不宜大于 6 米。

供水管网末端微循环技术与臭氧活性炭共生技术组合可实现

饮用水供水水质安全保障，供水管网有效服务半径可达 800 米。臭氧是基于自然规律的天然消毒剂，可解决目前饮用水供水使用人工合成消毒剂消毒带来的二次危害问题。

整体来说，供水管网末梢微循环技术的使用具有以下优势：一是正压供水保证供水安全的同时节能；二是采用供水全循环，终端无死水，保证供水实时新鲜；三是结合臭氧消毒更加安全有效。

2.3.3 产业研发

需求是产业研发的思想来源和动力源泉，技术创新是产业研发的发动机，企业家创新精神是产业研发的不竭动力，产业内企业的竞争压力、政府政策制度和要素供给的变化也是产业研发的动力。健康饮水产业研发主要分为三个方向。

2.3.3.1 膜处理技术研发

在膜处理技术领域，纳滤和组合型膜处理技术是健康水产业研发的方向。与微滤和超滤相比，纳滤的分离性能更优；与反渗透相比，具有部分去除单价离子、过程渗透压低、操作压力低、节能的优点。由中国膜工业协会工程与应用专业委员会、中国土木工程学会水工业分会、北京碧水源净水科技有限公司、时代沃顿科技有限公司、金科环境股份有限公司五家单位联合发起了纳滤膜产业联盟，于 2018 年 10 月正式成立，旨在提高我国纳滤膜技术的创新研发和应用水平，推动建设健全的纳滤膜产业和市场。2020 年，纳滤膜产业联盟年度会议在江苏省苏州市成功召开，审议了《生活饮用水处理用纳滤膜元件》团体标准，并就

2021 年联盟工作进行了规划。目前，纳滤膜产业联盟已完成了《家用和类似用途纳滤饮用水处理装置》《家用和类似用途饮用水净水产品用纳滤膜元件》两项纳滤团体标准的终审，《生活饮用水处理用纳滤膜元件》正在审议，下一步将推动纳滤工程应用相关标准规范的编制，提升公众对纳滤技术的认知，指导纳滤技术推广应用。纳滤膜目前已经广泛应用于给水深度处理领域，在长江水系、太湖水系、黄浦江水系等取得了良好应用效果，江苏太仓市第二水厂、张家港市第四水厂均是纳滤膜工艺应用的典范。未来在硬度较高的黄河水系也有望得到大规模应用。随着科技部把膜技术纳入“十四五”规划重点解决的“卡脖子”短板问题，也为纳滤膜的快速发展提供有利契机。

将膜处理技术进行组合利用能够获得更好的处理性能。如超滤 - 低压反渗透膜组合工艺增设超滤膜系统作为反渗透的预处理，可以满足反渗透膜系统的进水要求，延长膜使用寿命。超滤 - 纳滤双膜组合工艺具备突出的应对饮用水突发污染的能力，通过两者的灵活配置，在常规运转下，超滤纳滤并联运行、掺混供水，可以提高出水水质；在应急模式下，超滤纳滤串联运行，保障稳定的突发污染应急处理能力，实现“减量保质”的间断性应急供水，避免城市出现连续断水的恐慌。综合双膜的工艺的基建成本以及生活用水直接饮用占比，超滤的供水规模可控制在纳滤的 2 ~ 3 倍，可为饮用水突发污染控制及纳滤膜技术应用提供参考。

2.3.3.2　臭氧活性炭技术研发

臭氧 - 生物活性炭（O_3 - BAC）深度处理工艺利用 O_3 的高效氧化作用及 BAC 的物理吸附、生物降解作用，与常规处理相结合处理微污染水源，不仅能够有效地控制色度和嗅味，而且具备去除多种有机化合物的能力，已被证明能够提供高质量的饮用水，在实际工程中得到了广泛应用，尤其是水厂处理工艺的技术升级。江苏省已经在全省范围内推广臭氧生物活性炭工艺，江苏省和上海市都针对活性炭在给水厂的规范使用出台了地方标准。

对浙江省某水厂处理东太湖微污染原水研究结果表明，臭氧氧化结合活性炭吸附及生物降解作用对COD_{Mn}、UV_{254}、溶解性有机碳和溶解性有机物有明显的去除效果，去除率分别为13.4%～19.86%、27.27%～56.25%、13.41%～27.82%和33.11%，解决了常规处理后有机物超标的问题，图2－5为贯泾港水厂二期工程工艺流程。

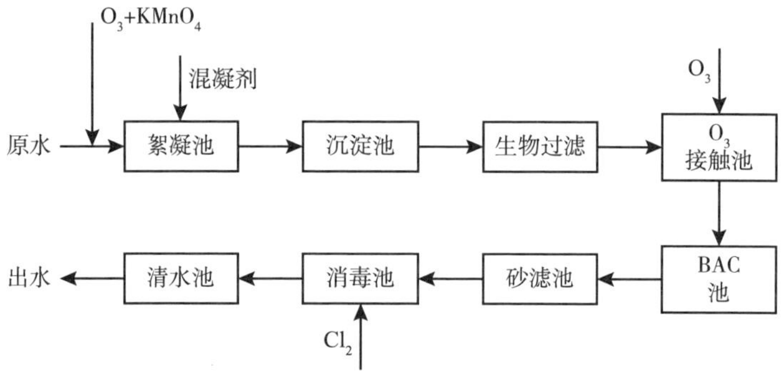

图2－5　贯泾港水厂二期工程工艺流程

广州北部水厂采用常规处理结合O_3－BAC－UF工艺，UF有效去除了包括隐孢子虫、贾第鞭毛虫、部分细菌等在内的微生物，总体加氯量比同水源的常规水厂减少约1毫克/升，降低了消毒副产物（DBPs）的生成，保障了饮用水的安全性，工艺流程如图2－6所示。

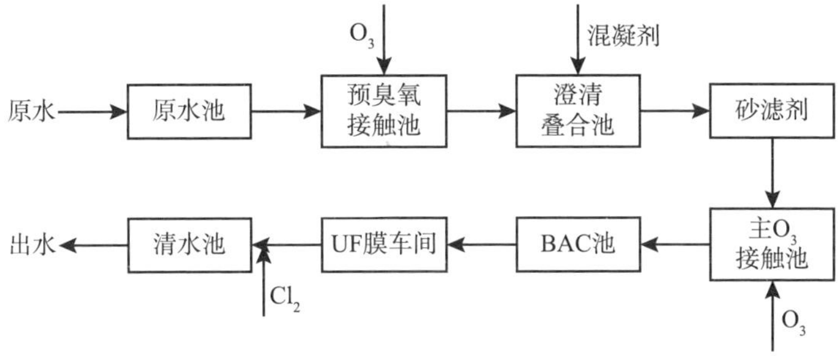

图2－6　广州北部水厂工艺流程

臭氧活性炭耦合工艺对去除DBPs和新污染物同样具有良好效果。饮用水氯消毒会与天然有机物（NOM）反应产生DBPs，且多种DBPs具有致癌性，而常规处理对DBPs前体物的去除效果并不理想。O_3－BAC工艺中O_3可以将高分子量有机物氧化为低分子量有机物，并通过BAC过滤提高有机物的去除率。对于某些DBPs前体物，如部分含氮消毒副产物前体物，臭氧化过程中可能会促进其生成，但它改变了前体物的化学结构，提高了含氮有机化合物的生物降解性，这些DBPs前体物经过后续的BAC池能得到有效的降解，突出了O_3和BAC的协同作用。

新污染物包括药物和个人护理品（PPCPs）、内分泌干扰物（EDCs）、藻毒素、微塑料、全氟/多氟烷基物质等。新污染物对生态环境及人体健康存在潜在的毒性风险，由于其特殊的物理化学性质，常规工艺对其处理能力非常有限，而O_3－BAC工艺对新污染物具有一定的去除效果。

2.3.3.3　其他相关技术研发

其他的产业相关水处理技术包括紫外线消毒和高级氧化技术、离子交换树脂、电化学技术等，这些技术也是设备和工艺研发的重点。

2.4 产业市场情况

2.4.1 包装饮用水

2.4.1.1 国内包装饮用水市场情况概述

我国包装饮用水产品量价齐升，成长空间大。我国包装饮用水市场规模从2016年的1467亿元提升至2020年的2134亿元。其中，饮用纯净水为市场规模最大的子品类，2020年占整体零售额的60.2%；天然水和天然矿泉水仍处于高增长阶段，过去5年的复合增速分别为29.1%和19%，远高于行业整体11%的增速水平。从量的角度来看，我国包装水销量逐年提升，2016～2020年由356亿升增至452亿升，由于我国人口基数大且优质水源较少，包装饮用水刚需性较强，随着渠道进一步下沉，总消费量的市场潜在空间较大。2020年，我国瓶装水销量减少，主要是由于新冠疫情暴发，线下餐厅、电影院、景区旅游等都受到较大程度的影响，使得市场需求有所下降。2021年，我国瓶装水产量为9335.46万吨，同比增长7.48%。未来，随着社会经济逐步恢复，我国市场活力有望迎来复苏，继而拉动瓶装水需求量增长，产量也将随之增加。

对标海外，我国包装饮用水的渗透率和人均消费量仍较低。2020年我国包装饮用水渗透率约为6.2%，人均消费量为34升，远低于世界平均水平。按区域划分来看，我国一、二线城市居民的包装饮用水渗透率已处于较高水平，但在家庭餐饮等消费场景仍有进一步提升空间；一些偏远地区和中小城市包装饮用水渗透率较低，但伴随城镇化率提升、人均可支配收入提升和健康消费意识觉醒，持续的渠道下沉有望在中小城市扩大消费群体。

从价格的角度看，我国包装饮用水单价呈现稳定上升趋势，过去 5 年平均售价由 3.7 元/升增长至 3.93 元/升。在消费升级和健康意识的驱动下，包装水存在高端市场和细分市场的提价空间，经过多年价格战和提价潮的反复更迭，行业价格带上移趋势明显。横向对比海外，目前我国包装饮用水人均消费价格仍处于较低水平。2020 年我国包装饮用水人均消费价格约为 0.6 美元/升，相对发达国家成熟市场价格仍有提升空间。人均可支配收入增长带来的消费升级驱动 550 毫升的瓶装水均价从 2005 年的 1.66 元上升至 2020 年的 2.32 元，标志着主流价格带已经处于 1 元切换 2 元的后期。近年来 2 元水占比提升迅速，1 元水份额受到挤压，在行业价格带整体上移的趋势下，3 元以上市场仍有增长空间。随着运费、人工成本上升，行业内企业利润承压，渠道利润分配难度加大，企业存在提价动力。

2.4.1.2　门槛不断提高，行业趋于集中

优质水源稀缺，进入门槛较高。包装饮用水行业的进入门槛主要体现在水源、资金和品牌三方面，最本质的核心壁垒为水源。我国优质水源地的特点：①数量少。水源地矿物质含量动态不稳定，符合开采标准的优质天然水源稀缺。②考察久。水源的鉴定程序严格，需聘用专业资格机构对水源地进行一年以上的监测和报告。③管控严。开采水资源需要领取取水许可证、采矿

许可证等资格手续，要求的设备投入及资金规模较大，获批难度逐年上升。长期来看，随着天然水和天然矿泉水消费占比不断增加，对水质要求的提升将会促进包装水的价格带切换，掌握优质水源地的包装水企业可以保证长期稳定的产能供应，较早完成产品结构升级，在高端水市场抢占发展先机。从供给端看，天然水、矿泉水开发时间长、前置投入大；而纯净水工艺极难差异化，新进入者弯道超车难度加大。

行业发展伴随头部更迭，行业趋于集中。我国包装饮用水行业格局目前已基本形成，并进入相对稳定阶段。定位中高端产品线和价格带的品牌市占率稳步提升，产品线偏低端的品牌市占率不断萎缩。

2.4.1.3 品类细分——小包装水：品类向天然水转移，进入价格升级时代

产品结构升级，单价较高的天然水与天然矿泉水市场份额增长显著。目前我国包装饮用水市场仍以纯净水为主，近年来天然水和天然矿泉水占比不断提升。对比发达国家成熟市场，由于消费者消费水平高与健康意识强，天然水与天然矿泉水市场相对发达，纯净水市场规模普遍较小，其中英、法、日、韩四国纯净水占瓶装水行业市场规模比例均在 10% 以下。参照国外经验，随着消费能力提升以及健康意识增强，叠加企业持续的消费者教育，小包装水业态将越来越偏向于天然水与天然矿泉水。

在消费升级背景下，消费者对健康、品质、个性化需求不断升温，提升高端瓶装水的消费量。高端瓶装水强调水源优势，注重水质、健康及口味，且包装设计精致。2015～2020 年我国高端

瓶装水零售量从 76.1 万吨增至 146.4 万吨，占瓶装水总零售量的比例从 0.97% 提升至 1.5%，国内的高端水市场空间进一步扩大。

目前国内的高端水市场仍以外资品牌为主，国产品牌市场份额仅一成。近年来，越来越多的高端水品牌（以天然矿泉水/天然水为主）加入到包装水市场的竞争中，并将水源与品质联系起来作为自己的优势之一进行宣传，使消费者逐渐强化出“水源地 = 品质保证”的固有思维。

2.4.1.4　品类细分——大包装水：多种消费场景驱动需求增长

即饮消费、家庭消费、餐饮消费三轮共振，拓宽包装水使用范围和消费容量。即饮消费市场已度过放量增长时代，市场份额逐渐向龙头企业集中，开始进入存量竞争阶段。在城市化进程加速、家庭规模变小、独居青年增加的背景下，更多消费者将包装饮用水作为日常生活用水，家庭消费场景兴起。包装饮用水的家庭消费场景未来将是增速最高的子赛道，2020 年市场规模已达到 633 亿元，预计未来 3 年年复合增速达 18.7%。[①]

一次性中大规格包装水接棒桶装水市场，高性价比撬动发展潜力。桶装水市场集中度低，呈现出小、散、乱的特点，以地方性品牌为主。一次性中大包装水对比桶装水具有更优的品质和消费体验，性价比高于瓶装水，适配家庭饮用水的消费升级需求。具体体现为：①解决了循环桶装水的安全隐患。包材采用 PET

① 朱会振．2022 年饮料行业市场空间及竞争格局分析——包装水行业升级趋势格局向好［R］．西南证券，2022 - 5 - 14.

(循环桶采用 PC 桶)，容量多在 3 ~ 15 升，不需要回收和重复使用，避免了循环桶化学清洗、多次使用过程中对桶装水的污染。②一次性中大包装水使用场景和销售渠道更为丰富。传统循环桶装水受制于较大的体积，必须搭配饮水机使用，需要由水店完成销售、配送和换桶；而一次性中大包装水因体积小、可单次使用，显著拓宽销售渠道，可直接触达终端消费者。③不同规格满足多样化消费需求。1.5 ~ 2 升规格适合运动场景，4 ~ 6 升规格满足小家庭日用和出行需求，12 升规格搭配饮水机能以更高品质代替桶装水。家庭对饮用水需求量通常大于 500 毫升，一次性中大规格包装水能在保持瓶装水产品品质的同时提升性价比，以更优的品质和更好的消费体验成为千亿级桶装水市场的消费升级方向。

2.4.1.5 包装饮用水的进出口情况

我国进口瓶装水以高端产品为主，因此，虽然我国瓶装水的出口数量始终高于进口数量，但出口金额仍低于进口金额。根据中华人民共和国海关总署公开数据显示，2021 年，我国瓶装水的出口数量为 20.95 万吨，较进口数量多 3.93 万吨，但瓶装水的进口金额为人民币 8.51 亿元，出口金额为人民币 2.89 亿元，逆差人民币 5.62 亿元。2022 年，我国瓶装水出口数量为 28.57 万吨，较上一年度同时期增加了 7.62 万吨，出口金额人民币 4.04 亿元，而进口数量则较上一年度增加了 2.83 万吨，总量为 19.85 万吨，进口金额为人民币 7.23 亿元，进出口逆差人民币 3.19 亿元。进口数量增速低于出口数量增速，逆差减小的主要原因是国内瓶装水产品逐渐向高端瓶装水转型，国内高端瓶装水的发展，使得进口高端瓶装水的市场占有率下降。[①]

2.4.1.6 包装饮用水行业发展趋势：中高端瓶装水需求增多

（1）居民健康意识增强，瓶装水市场占有率升高

后疫情时代，居民的健康意识逐渐增强，对生活品质的要求越来越高。许多消费者的饮水习惯也发生了改变，从直接煮沸的白开水转变为包装饮用水。另外，随着居民生活水平不断提升的还有我国肥胖率上升的问题。由于人们生活条件的改善，过多摄入高糖饮食，我国国民的超重率和肥胖率都有不同程度的上涨。随着居民健康意识的增强，越来越多的消费者意识到碳酸饮料、果汁饮料等高糖饮料对健康的危害，开始选择瓶装水替代其他高糖饮料需求。未来，我国瓶装水的需求量将持续增多，市场占有率也将不断升高。

（2）低端瓶装水市场缩小，以中高端产品为主

我国瓶装水市场的主导产品已经从每瓶 2 元以下的低端瓶装水逐渐转向每瓶 2 ~ 5 元的中端瓶装水。一方面，是由于瓶装水生产企业的生产成本上涨，推动瓶装水价格上涨；另一方面，是消费者的消费习惯的改变。我国居民消费水平提升，消费者的健康消费、高品质消费的意识逐渐增强，因此消费者对中高端产品的需求快速上涨。未来，我国低端瓶装水的市场占有率还将继续减少，中高端产品的需求将持续上涨，尤其高端产品的需求量可能迎来较快增长。

---

① 曾敏 . 2023 – 2029 年中国瓶装水行业市场深度分析及投资前景展望报告［Z］. 智研科信咨询有限公司发布，2022 – 12 – 28.

2.4.2 家用终端净水器

家用终端净水器通过对龙头水进行处理后达到直饮要求，具有较高的便利性。终端净水器多为用户自己购买，需定期更换滤芯，材料费、电费、维修费等费用也均需用户自己承担，花费相对较高。目前市场上的家用净水器品牌多、类型全，商业竞争较为激烈，甚至会存在通过降低材料品质以价格优势取胜恶性竞争的现象。因此选购家用净水器需要用户具有较强的自主判断能力。另外，滤芯的定期更换、机器的定期维护等也至关重要，需要用户定期联系设备商进行相关操作。

2.4.2.1 国内家用净水设备的主要类型

家用净水设备根据安装位置不同，广义上可分为前端净水设备和末端净水设备两大类，前端净水设备主要包括前置净水器、中央净水、软水机、管道超滤净水器等，末端水设备主要包括净水器、净饮机、饮水机、龙头净水等，具体分类如图 2－7 所示。

2.4.2.2 国内家用净水设备市场份额的变化

净水器产品作为品质类需求，自 2019 年以来面临市场需求不足、规模略微收缩的局面，受疫情的影响，消费者新增需求、换新迭代需求均不足，2021 年至 2022 年第一季度市场一直保持下滑态势。根据奥维云网（AVC）推总数据，2021 年全年，净水器零售量为 925.5 万台，同比下降 9%，零售额为 227.4 亿元，同比下降 4.9%。2022 年第一季度，净水器零售量为 138 万台，零售额 32.7 亿元，同比分别下降 28.7% 和 21.8%（如图 2－8 所示）。

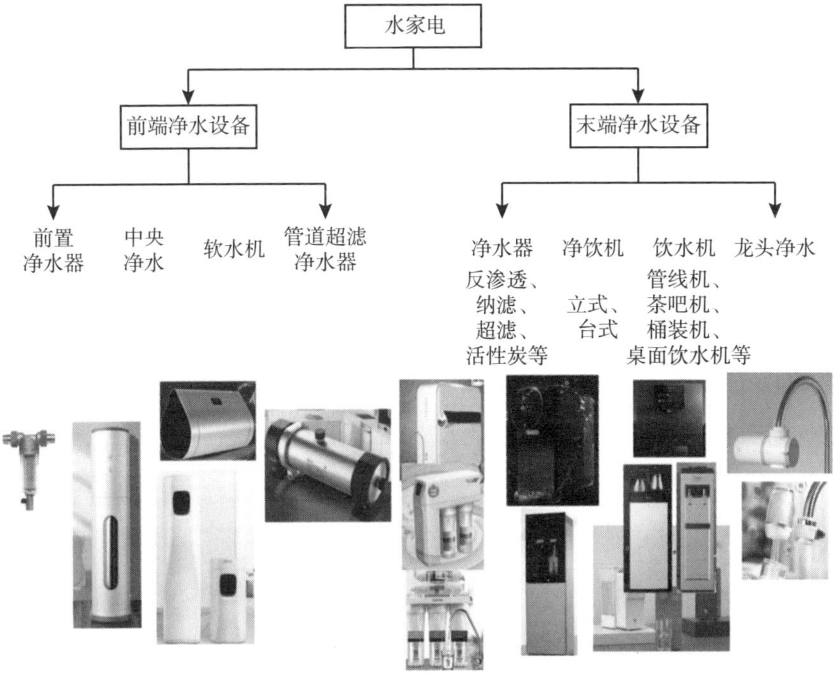

图 2－7　家用净水设备主要类型划分

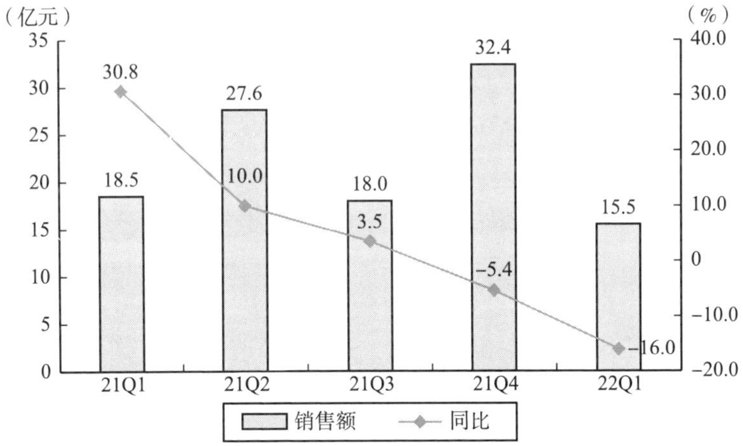

（a）2021~2022Q1线上净水器市场零售额及同比

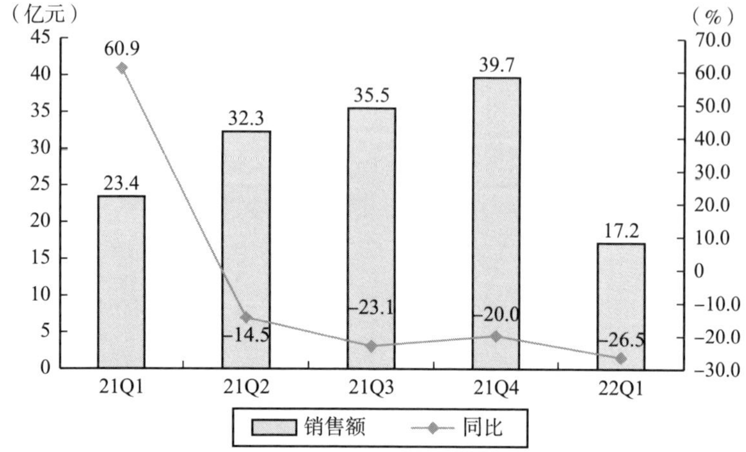

（b）2021~2022Q1线下净水器市场零售额及同比

图 2－8　2021～2022Q1 净水器市场零售额规模

2.4.2.3　国内家用净水设备市场渠道的变化

在销售规模持续下滑的同时，净水器市场在 2021 年至 2022 年第一季度渠道格局发生了较大变革，主要表现为在抖音、建材、商超渠道表现更加活跃。2022 年第一季度，抖音电商份额在线上渠道的占比明显增加；精装渠道水家电市场份额已初具规模，对传统渠道分流明显。而线下体验更好的商超以及渠道费用更低的地方连锁受品牌青睐，份额有所增加（如图 2－9 所示）。

2.4.2.4　国内家用净水设备的发展特点

净水器虽处于需求量低迷的趋势下，但产品升级正在全方位提升，从多角度提升溢价能力。一是反渗透产品结构的升级。大通量产品虽然价格相对较高，但出水速度快，制水新鲜即滤即饮，能满足更多人的用水量需求和用水品质需求，带来更好的用水体验。二是环保高效产品的逐步迭代。2022 年初，市场监管总

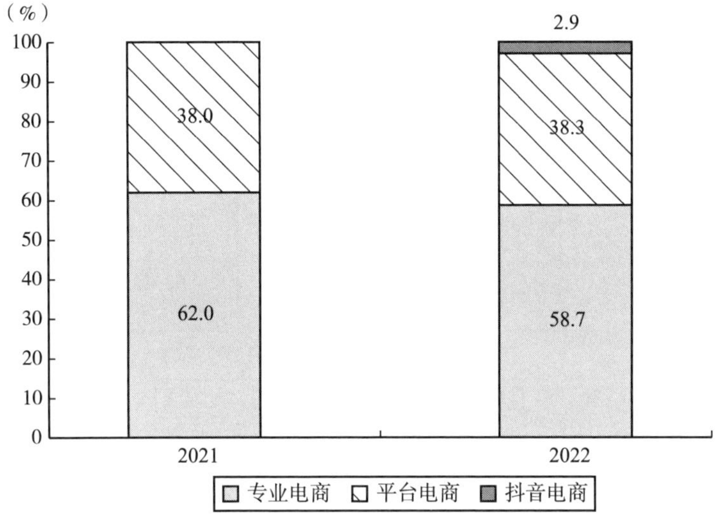

（a）2022Q1净水器线上渠道分布

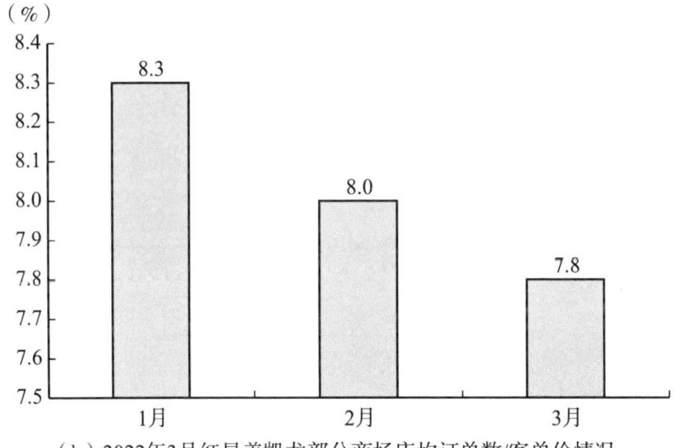

（b）2022年3月红星美凯龙部分商场店均订单数/客单价情况

453单 店均订单数	14877元 店均客单价

资料来源：红星美凯龙2022年3月部分商场销售商数

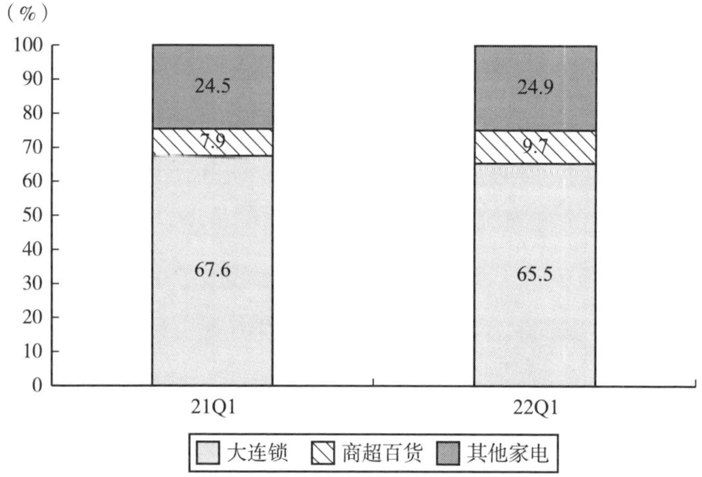

（c）2022Q1净水器线下渠道走势

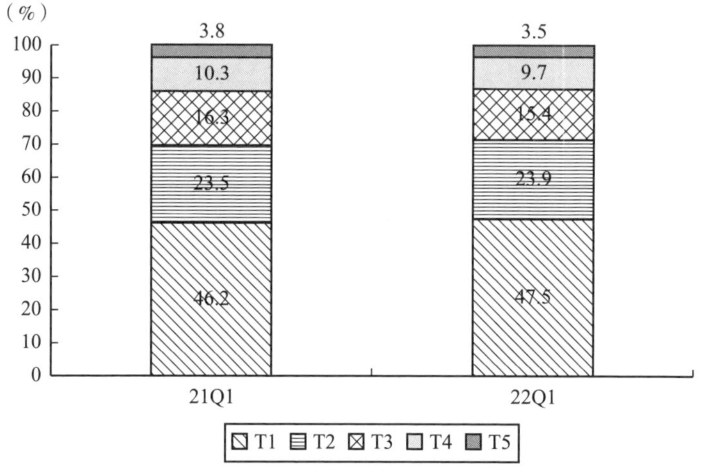

（d）2022Q1净水器线下分级市场趋势

图 2-9　2022Q1 净水器渠道占比走势

局（国家标准委）发布了《净水机水效限定值及水效等级》国家标准，根据水效标准要求，2022 年国内市场热水器及净水器消费趋势报告反渗透净水机和纳滤净水机的最低净水产水率不小于 45%，且额定总净水量达到 2000 升。据奥维云网监测数据显示，

2022 年第一季度，净水器线上市场占比最高的是通量 600 加仑，零售额份额为 33.5%，同比提升 2.1 个百分点，线下占比最高的是通量 400 加仑的产品，但占比有所下降，并向 600 加仑过渡；2022 年第一季度，净水器一级水效产品零售额占比同比有明显提升，线上线下分别达到 46.4% 和 38.9%（如图 2－10、图 2－11 所示）。

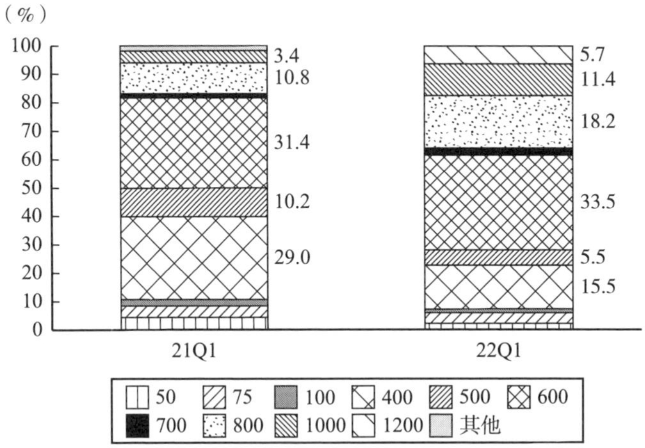

（a）2022Q1净水器线上RO通量结构

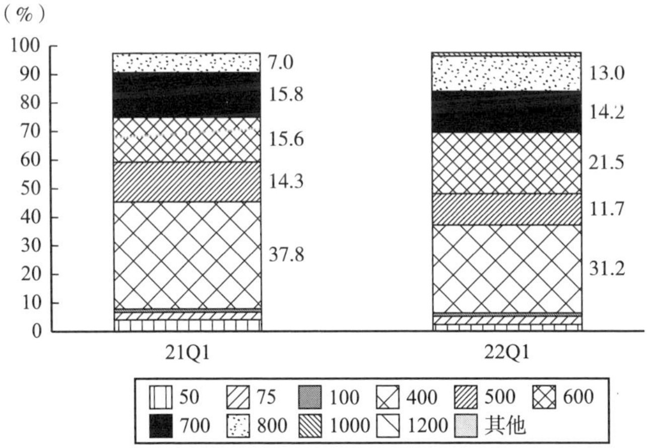

（b）2022Q1净水器线下RO通量结构

图 2－10　2021～2022Q1 净水器 RO 通量结构变化

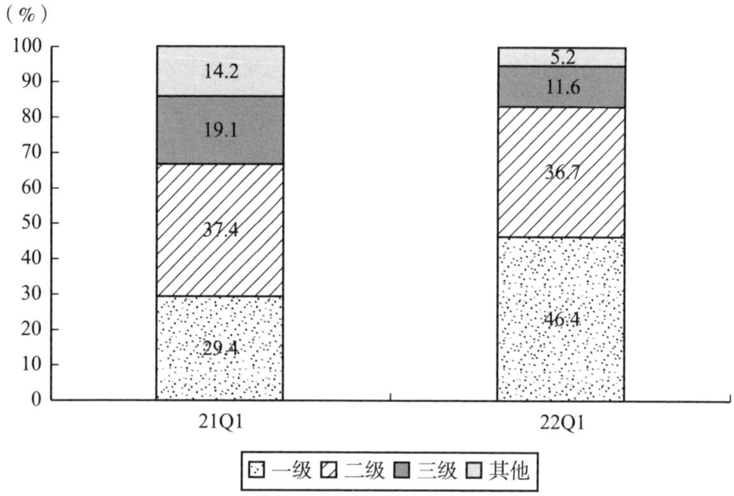

(a) 2022Q1线上RO水效等级分布

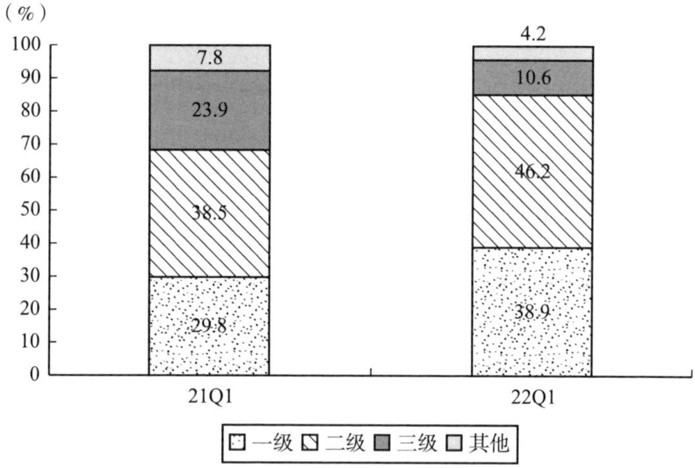

(b) 2022Q1线下RO水效等级分布

图 2-11　2021~2022Q1 净水器水效等级结构变化

2.4.2.5 国内家用净水设备市场需求的变化

(1) 智能化需求

随着物联网、云计算技术的日渐成熟，家电智能化主要通过“智能单品”和“全屋智能家居”两种方式不断赋能家居生活，提高家居使用的便捷性和交互性。事实上，消费者对家用净水产品的智能化需求与日俱增。根据我国家电网近期的一项消费者调查，对于正在使用中的家用净水器而言，“智能化程度不够，缺乏互动”是很多消费者首选的槽点（如图2－12所示）。基于此，新一代家用净水产品将在智能化方向上不断延伸与推进。

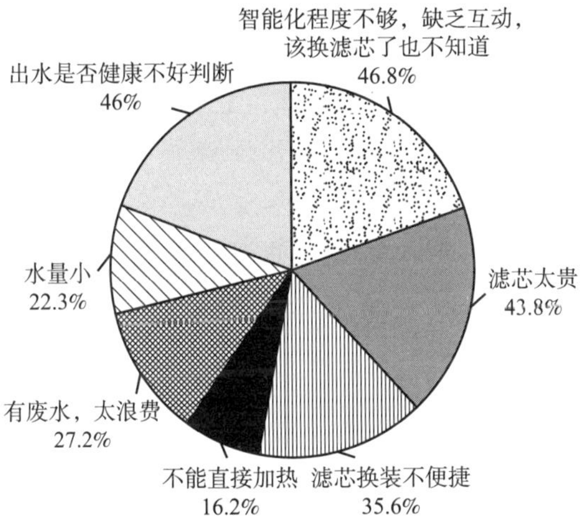

图2－12 消费者认为目前净水器存在问题

注：本数据调查是多选，如果每个人在调查所选项中只选择1项，最后百分比的和为100%；如果在所选项中随机选择多项，最后百分比的和会大于100%。

资料来源：我国家电网专项调研（2022）。

单品智能：设备制造企业为家电增加语音交互、远程控制、精准控制等功能，从而提升用户的使用体验。如搭载手机智能控制功能的净水设备，可以通过连接家庭 WiFi 局域网，实现远程遥控和故障报警的功能。

全屋智能：全屋智能家居是指以住宅为平台，基于物联网技术，由硬件（智能家电、安防控制设备、智能家具等）、软件系统、云计算平台构建家居生态圈，通过收集、分析用户行为数据为用户提供个性化生活服务。在前装市场，厂商根据用户需求，制定个性化的装修、家具、电器场景配套方案，通过智能化技术将家庭的所有用水设备进行互联互通，提供给用户更好的体验和健康的解决方案。随着物联网、5G 等技术的不断发展，家用净水设备融入全屋智能、家居生态的时机正在逐步成熟。

(2) 健康需求

自2020年新冠肺炎疫情爆发以来，健康成为消费者最关注的话题，与健康相关的家电品类都有比较好的增长，健康属性也成为家用净水产品绕不开的话题。

据我国家电网近期针对消费者的《居家生活用水习惯》的调研显示，人们对健康用水的需求正不断“觉醒”，对健康用水越来越重视。首先，人们普遍选了“家用净水器/净水机/中央净水”作为日常饮水来源，“桶装饮用水”“自来水烧水直接喝”的选择靠后，“社区自动售水机”选择的人数最低。其次，针对“在疫情居家期间，家中有净水电器的重要性评价（1～10分，分数高更重要）”中，有27.8%的人认为十分重要（10分），有5成以上的人认为比较重要（6～9分），认为不重要或者不太重要的（1～4分）人仅占1成多点，如图2－13所示。

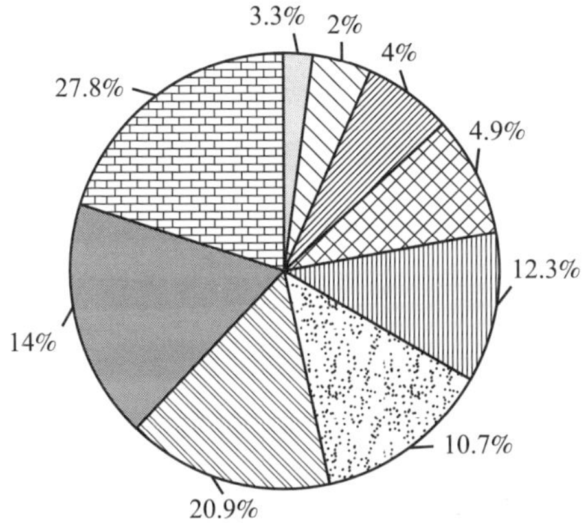

图 2-13 消费者对家中有净水电器的重要性的评价

注：本数据调查是多选，如果每个人在调查所选项中只选择 1 项，最后百分比的和为 100%；如果在所选项中随机选择多项，最后百分比的和会大于 100%。

资料来源：我国家电网专项调研（2022）。

问卷调查中，被调研人群七成以上为年龄在 27～42 岁区间，其中已婚（含有小孩和老人）家庭占了总被访人数的一半以上，年轻人、中年人尤其家里有老人小孩的家庭更加关注净水设备的健康功能。

值得一提的是，在我国家电网的专项调研中发现，人们对净水设备健康的关注有很多具体的标签。用户对“精细过滤”（能去除重金属、细菌、病毒等）的需求位列 15 项备选项之首，占比近 60%；选择能除氯、去泥沙杂质的“简单过滤”的用户占比仅为 24.7%。另外，“出水健康与否不好判断”也是用户选择比较多的问题，这也为未来净水器产品设计提出了切实的要求，如图 2-14 所示。

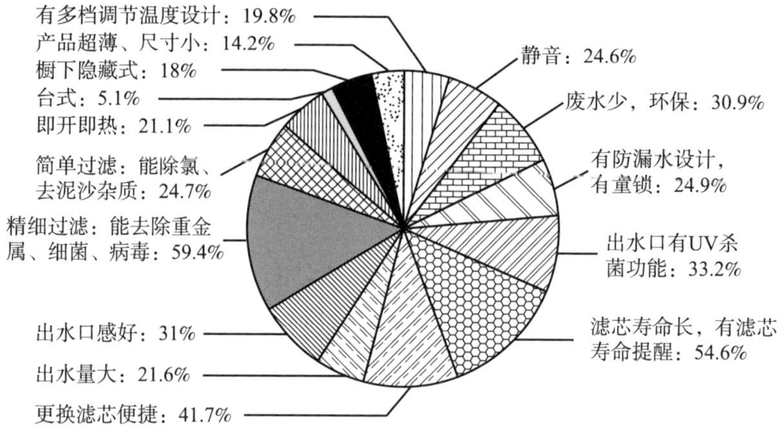

图 2－14　消费者对净水器功能的选择

注：本数据调查是多选，如果每个人在调查所选项中只选择 1 项，最后百分比的和为 100%；如果在所选项中随机选择多项，最后百分比的和会大于 100%。

资料来源：我国家电网专项调研（2022）。

（3）绿色消费需求

从国家政策层面来看，碳达峰碳中和将会全面引领制造业向绿色转型，推动净水器市场向节能高效产品提升。从消费者角度看，越来越多的消费者尤其是年轻消费者，更加关注生态环保的可持续发展。这说明企业发展需占领绿色和可持续发展的制高点，承担更多的社会责任，才能有更广阔的发展空间。落实到家用净水设备层面，绿色消费包括节约能源，如节电、节气、节水，以及产品自身的环保设计，如减少制作的原材料、降低损耗、节省成本，去除过度包装与过度设计等。

根据《居家生活用水习惯》的调研显示，对净水产品最大的需求之一是滤芯寿命够长，其次是废水排放量低。如图 2－15 所示，影响消费者购买净水设备的因素最多的选项是"产品质量与使用寿命"，这从另一个侧面印证了人们对绿色环保的诉求，对高品质产品的需求。

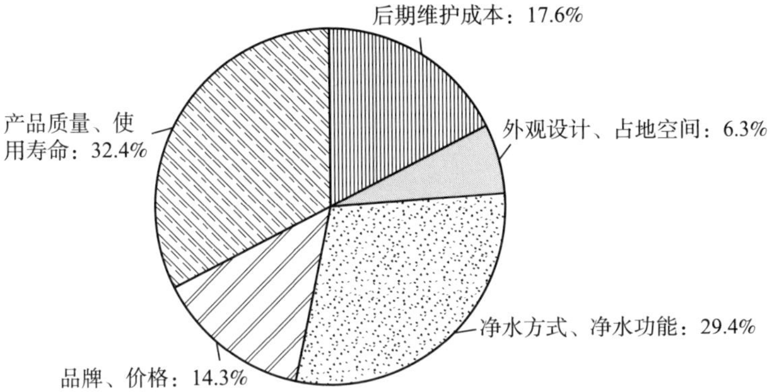

图 2-15 影响消费者购买净水设备的因素

资料来源：我国家电网专项调研（2022）。

2.4.2.6 国内家用净水设备的发展趋势

(1) 以健康为核心，功能逐步细化

作为品质型需求产品，净水器的消费需求核心仍是健康。消费者对净水器产品重点关注的是过滤效果，“喝”净水仍是目前净水器使用的主要场景，但随着消费者饮水诉求的升级，喝净水的要求已升级到喝健康的水。例如，具有矿化、富氢、富锶等关键词的产品份额有明显提升。净水器在饮用水功能上的细化还体现在气泡水功能，可快速制作健康气泡水，使消费者获得更加个性化的选择。

(2) 场景横向拓展，需求纵向升级

随着净水器市场的不断发展，净水使用场景已经有所拓展，除了“喝”净水场景之外，“用”净水的需求在消费升级与产品迭代的大环境下显著增长。另外，“喝”净水和“用”净水各自也细分出更多纵向需求。例如，育婴群体关注婴儿食品冲泡，热爱咖啡人士关注咖啡饮品的冲泡，还有的消费者对于饮用水的需求衍生出口感和有益矿物质的需求，烹饪场景下消费者关注洗菜和淘米用水，品质生活爱好者关注沐浴用水的健康等，沐浴需求更是衍生出除氯、软水、VC护肤等细分需求。

（3）懒人经济盛行，智能产品走俏

净水器的滤芯寿命是最关键的属性之一，更换滤芯也给消费者带来了诸多不便，在“懒人”经济盛行的趋势下，目前10年滤芯产品正在被更多的消费者接受。此外，智能预约、App控制、语音控制等智能化产品也能很好地解放双手，给消费者带来便利。

2.4.3 管道直饮水

我国管道直饮水市场由分质供水模式开始推行。分质供水模式起源相对较早，指单独建设直饮水管道，与自来水管道并存使用的模式。1999年深圳市梅林一村管道直饮水工程开始运行，这是国家住建部“管道直饮水唯一试点示范工程”，日供水能力240立方米，覆盖7000余户居民，直饮水价格为300元/立方米。2007年包头市开启的健康水工程在全国打响，管道直饮水设施覆盖人口54.71万户，按照0.16元/升的标准根据使用水量计费；之后济南水务也开始在部分新建住宅小区、公共场馆推行管道直饮水，并于2018年新成立了直饮水公司，引入新水源升级直饮水业务；与此同时，江浙一带部分地区也纷纷开始了管道直饮水的尝试。

与其他直饮水运营模式相比，管道直饮水在资金方面的投入量较小，建设周期相对较短。与其他商品水（纯净水、瓶装桶装水、净水器净化水）相比，管道直饮水水质更具有安全保障，价格也更为实惠，多集中在200~400元/立方米。但由于单独的直饮水管道较细小，仅用于满足人们平时饮用、烹饪等小水量用水需求，对于新建小区而言可作为小区配套建设，但对于老旧小区而言建设难度较大，沟通协调成本较高。在价格方面，该工程属于基础服务之外的延伸性服务，无须经过价格听证等流程，能够较为灵活地反映市场供需关系，投资回报周期与入住率密切相关。

2.4.3.1 国内小区管道直饮水市场的主要推动形式

(1) 以新建小区为主要实施对象，单点式展开

对于大部分地区而言，直饮水业务为供水企业的延伸服务，没有明确的政策性支持，属于供水企业的纯市场化行为。在此情况下，供水企业多倾向与高端新建住宅小区进行合作，签订相关合作协议。一方面，新建小区的直饮水建设工程干扰因素较少，施工难度较低；另一方面，高端小区的房价较高，房地产开发商的资金实力较强，更易消化直饮水建设成本，配套直饮水也能在一定程度上提升小区档次，成为小区的卖点之一。

(2) 以一个区域为主要实施对象，片状展开

片状展开推行的模式需要征得政府的同意，并获得一定支持，才能进行某一区域的管道直饮水普及工作。一般情况下，这种形式为全城直饮水普及的前期示范区，旨在形成可复制、可推广的技术路线和建设方案，为后续直饮水工程的全面展开提供可靠参考。

(3) 全市普及管道直饮水

全城直饮水模式的推行需要以政府为主导，除颁布相关的政策文件外，还需要在实际工程推进过程中给予必要的支持和指导。以包头为例，《包头市供水条例》中明确提到“在供水专项规划确

定的管道直饮水供水区域内，新建住宅应当配套建设管道直饮水供水设施”，基于政策性文件的支持，可以较为快速、全面地在所有新建小区普及管道直饮水。对于既有小区，各地多选择由各区政府和街道负责组织相关沟通和协调工作，逐步、有序地推进直饮水入户改造工程。

2.4.3.2　供水企业及设备制造企业的参与程度

供水企业参与小区管道直饮水业务的方式主要分为两种。一种是仅参与建设环节，负责工程设计、施工，以及设备的安装等，不参与后期的运营与管理。这种方式仅适用于新建小区，且建设成本由房地产开发商承担。另一种则是全程参与直饮水业务，包括从前期的设计、施工，一直至后期的运维、管理、收费等环节。对于供水企业而言，作为城市供水服务的提供者，为保障城市供水全流程的安全性，更倾向于全程参与直饮水业务；对于一些以设备为核心的企业而言，则倾向于前者。

2.4.3.3　国内管道直饮水产业的基本建设运营情况

对于供水企业全程参与的直饮水项目，在建设成本方面，新建小区有三种分摊方式，一是由供水企业全部承担，二是由房地产开发商和供水企业分别承担一部分，三是由房地产开发商全部承担。供水企业通常作为水费收缴方，承担后期的运维管理费用。对于既有小区，建设成本多由供水企业和用户按照一定的比例进行分摊。

在建设投资方面，以拥有1000户居民的小区为例，总的建设成本多集中在300万~400万元，部分地区可将成本控制在200万元左右，主要影响因素包括核心技术是自行研发或合作研发、施工团队是否外包等。建设成本主要由水处理设备、水表、管线及附件、安装施工费等部分组成，分别占比在40%、30%和26%左右。运营成本则主要包含年固定资产折旧费、自来水费或水资源费、动力费、设备仪表维护及检修费、药剂费、耗材及管理费用等，各地的具体运营成本也存在较大的差别，每立方米的运营成本约在130元，运行成本较高的可达200元/立方米以上。

2.4.3.4 国内管道直饮水市场的定价及收费策略

直饮水定价以市场化定价为主，部分地区以政府部门制定的指导价格为参考。根据E20供水研究中心调研的数据结果，大部分地区的小区管道直饮水价格集中在300元/立方米，部分地区较低，如包头，为160元/立方米，也有部分由民营企业运营的较为高端的小区管道直饮水价格可达400元/立方米或者更高。通常情况下，小区管道直饮水的定价会低于当地桶装水价格，以形成价格竞争优势。未来的发展目标是自来水实现直饮。

除制定统一直饮水价格标准按量向用户收取费用的模式外，另一种收费策略是跟房地产开发商协商，将建设和维护费用作测算纳入购房成本，并将使用费用并入物业费中，按统一标准向业主定期收取用水费用。

2.5 产业与国外的对比及差距分析

2.5.1 国外产业情况

从全球视角观察，欧洲和北美等国家或地区经济发展较早，居民生活水平较高，对于健康饮水及其相关产品的需求较大，因此早期产业市场以欧美市场为主，健康饮水概念也来自此时的西方市场。随着新兴国家或地区经济的发展和居民生活水平的逐步提高，消费者对健康饮水及其相关产品的需求也日益增加，同时由于人口基数大，市场规模发展较快。

2.5.1.1　国外包装饮用水产业

瓶装水的历史最早可以追溯到17世纪，世界上第一瓶瓶装水诞生于英国的圣井（The Holy Well）。瓶装水的销售始于1621年，当时的人们认为从石头裂缝中流出的水具有治愈作用，所以把水装进玻璃瓶，销往全国各地。这种做法很快传播到欧洲其他地区，矿泉装瓶出售方式开始流行。这个时期，瓶装水成为一种流行的和必不可少的饮用方式。1767年，美国波士顿的杰克逊水疗中心（Jackson's Spa）出售了第一批商业化销售的瓶装水。1789年，依云天然矿泉水跨入了瓶装水的历史，法国贵族发现了一种他认为“轻巧，宜人且易于饮用”的水，并开始给患有肾脏疾病的伯爵定期饮用，改善了伯爵的健康状况。之后，依云天然矿泉水的好处广为流传。1806年，第一家温泉水疗馆开设，随后世界上第一罐瓶装的天然矿泉水于公元1826年诞生，埃维昂（依云前身）得到官方授权建立工厂，这也是萨瓦公爵正式以官方认证批准出售的第一罐瓶装天然矿泉水。1878年，依云天然矿泉水的健康益处得到了法国医学科学院的认可。1903年，世界上第一瓶蒸馏水出自屈臣氏集团，之后开始为中国提供蒸馏水。1908年，美国新泽西州首先采用饮水加氯消毒的处理方法，使传染病的发病率显著降低。此后，饮水加氯消毒法迅速普及美国其他城市，并作为饮水安全的重要手段而沿用。由于成本劣势，瓶装水在与自来水的竞争中处于落后地位。20 世纪中后期，城市供水管道老化和水污染引发人们对自来水质量的担忧。瓶装水企业通过营销宣传，重新树立了瓶装水时尚、健康的形象。与此同时，PET 材料问世使瓶装水成本进一步降低。2020 年全球旅游业不景气导致销售额下降。根据 Statista 数据库显示，2020 年人均瓶装水消费量最高的国家是墨西哥，由于当地消费者认为饮用自来水是不安全的，所以瓶装水在当地非常普遍，墨西哥人均瓶装水消费量略高于 74 加仑。同年，美国消费者平均饮用大约 45 加仑的瓶装水，瓶装水大约占了美国饮料消费市场的 24%。

2.5.1.2　国外净水机产业

世界上第一台净水机起源于英国，最初是为了解决工业革命带来的水污染问题。19 世纪初，欧洲正处于工业革命时期，水质受到严重污染。霍乱肆虐欧洲，造成数十万人死亡。和大多数其他国家一样，英国也遭受到了霍乱的侵袭。1835 年，维多利亚女王也意识到饮用水污染对健康的危害，于是英国制造了世界上首台陶瓷净化水缸，可以过滤水中较大的悬浮颗粒，降低水的浑浊度。现代净水机则起源于 20 世纪 70 年代末的美国，研究人员发现自来水中的消毒副产物、重金属等有害物质，会对人体造成严重的伤害，可导致“三致”：致癌、致畸、致突变。自此，人们开始研制终端净化装置，对自来水做进一步处理，现代家用净水机就此诞生。

2.5.1.3　国外管道直饮水产业起源

管道直饮水起源于美国、丹麦、荷兰等国家，在国外有着长期的应用历史，发展得也比较成熟。国外的分质供水系统是以可饮用水作为城市的主体供水系统，另设管网系统将杂用水用来清洗车辆、园林绿化和喷洒道路等，该系统称为非饮用水系统。非饮用水系统作为供水主体系统的补充，主要是为了合理利用水资源及降低水处理费用。世界上第一个双管道分质供水设施出现在 2000 年前的罗马城，其中饮用水供居民饮用，非饮用水用于冲洗住宅和淋浴等。20 世纪末，巴黎开始较大规模地兴建分支供水系统。巴黎的非饮用水大部分消耗在与城市居民舒适或安全有关的用水，包括消防栓、喷泉、街道清洁、公共花园浇水、冲洗下水道等。

2.5.2　进口设备和外资厂家的情况

2.5.2.1　包装饮用水行业的外资厂家

目前，市场上全球知名的国外瓶装水公司主要包括达能公司、可口可乐公司、百事公司和雀巢公司。总部设在法国的达能公司，2021 年销售总额为 25.2 亿美元。达能瓶装水的受欢迎程度在 2015 年达到顶峰，当时该公司在全球瓶装水行业占有 10.1% 的市场份额。2002 年，达能公司与美国可口可乐公司达成协议，达能公司旗下品牌法国依云由可口可乐公司负责管理依云品牌瓶装矿泉水在北美（美国和加拿大）的营销策划、销售与分销。该经销合作关系于 2014 年年中结束。总部设在瑞士的雀巢公司，近 57% 的销售额来自北美，欧洲是该公司的第二大市场。2021 年 4 月，雀巢公司以 43 亿美元的价格将其在美国和加拿大的瓶装水业务出售给私募股权公司——壹石资本（One Rock Capital Partners）。百事可乐旗下的百事水纯乐（Aquafina）和可口可乐旗下的达萨尼（Dasani）都是美国畅销的瓶装水品牌。这些瓶装水大部分是通过严格的净化处理，主要是反渗透处理后再矿化的饮用瓶装水。

2.5.2.2　净水机行业进口设备及外资厂家

美国是北美地区最大的净水机市场之一。由于快速的城市化和日益增长的工业化，自来水水质的下降是推动该国净水器市场的主要原因。此外，随着技术的进步，出现了纳滤、反渗透、臭氧、紫外线、超滤活性炭等净水机。消费者对安全饮用水消费意识的提高也对净水机市场的增长产生了积极影响。消费者慢慢意识到瓶装水对环境的负面影响，这也推动了人们对净水器的需求。外资企业在健康饮水产业的代表主要是 A. O. 史密斯、3M、怡口等。A. O. 史密斯成立于1874 年，总部位于美国威斯康星州，是北美著名的家用和商用热水设备、水净化及锅炉制造商。随后，A. O. 史密斯于1998 年在南京独资成立中国总部。2009 年 A. O. 史密斯集团公司投资成立水处理产品公司，从此正式进入家用净水器领域，并于2016 年进军商用净水领域。随后，A. O. 史密斯推出了可有效去除重金属的反渗透净水机，迈出了打造全面健康水系统的第一步。2012 年，针对第一代净水机更换滤芯难的问题，A. O. 史密斯推出专利 MAX3. 0，研发出新一代“高效反渗透侧流膜”滤芯，实现了滤芯长效寿命且高水效，使反渗透净水机滤芯的使用寿命由一年延长至三年。同时大大推动了净水行业的技术发展。2016 年，A. O. 史密斯以近 6 亿元人民币的价格收购净水器品牌阿克萨纳（Aquasana），将反渗透水处理技术和创新产品研发技术推广到北美市场。同年，A. O. 史密斯在南京投资的环境电器全球超级产研基地正式投建，项目总投资为 9. 4 亿元人民币，用于以净水、空气净化及软水机为主要代表的环保电器产品的研发和生产。A. O. 史密斯 2021 年的销售额为 35. 389 亿美元，相比 2020 年的 28. 953 亿美元增长了 22.2%。3M 公司创建于 1902 年，全球总部位于美国明尼苏达州的圣保罗市，是全球 500 强企业，并且 3M 公司是较早进入中国的外商独资企业之一。3M 公司拥有超过 80 年的专业流体过滤经验，在净水行业中拥有丰富专业经验。在众多国内外品牌中，3M 净水器在中国的销量名列前茅。根据 Statista 数据库，2021 年 3M 公司在美洲的净销售额达到 181 亿美元。根据奥维云网（AVC）数据显示，2021 年精装修净水机市场仍然是外资品牌占据主导，占比高达 58.6%。其中，3M 和 A. O. 史密斯依然占据主导地位。

2.5.3 国内外对比

2.5.3.1 国内外包装饮用水行业对比

美国瓶装水发展历史长达 200 年，与我国产品结构类似，以天然水与纯净水为主。美国瓶装水行业格局分散，自有品牌占据了很大部分的市场份额。自有品牌是指零售商推出的瓶装水品牌，例如沃尔玛、屈臣氏、开市客都推出了自己的瓶装水产品，并通过自己的零售渠道销售。日本瓶装水产业从 20 世纪 70 年代开始发展，其行业格局与美国截然相反，行业份额持续向头部集中，自有品牌占比微小。其商品品类以矿泉水为主，自 20 世纪 70 年代推出以来始终是主流产品之一，销售比重稳定为 55% ~60%。日本行业集中度高，发展速度基本持平，整体行业格局稳定且与我国行业格局相似。从人均包装水消费量来看，2019 年我国包装水人均消费量 31.2 升，远低于美国 108.7 升、欧洲 98.4 升等国家，与韩国 51.9 升及日本 35.6 升也有一定差距，行业有较大增长空间。2021

年，我国包装水的消费量超过 4550 亿升，成为全球消费量最大的包装饮料类型。2021 年，全球瓶装水市场规模为 2830.1 亿美元，到 2022 年，瓶装水部分的收入将达到 3025 亿美元。全球包装水市场预计从 2022 ~ 2027 年将以 6.78% 的复合年增长率增长。图 2 – 16 显示了全球排名前 10 名国家在 2022 年的瓶装水市场收入，其中美国瓶装水市场的收入位居第一，约为 830 亿美元。我国排名第二，收入约为 654 亿美元，远远超过排名第三的德国，收入仅为 167 亿美元。①

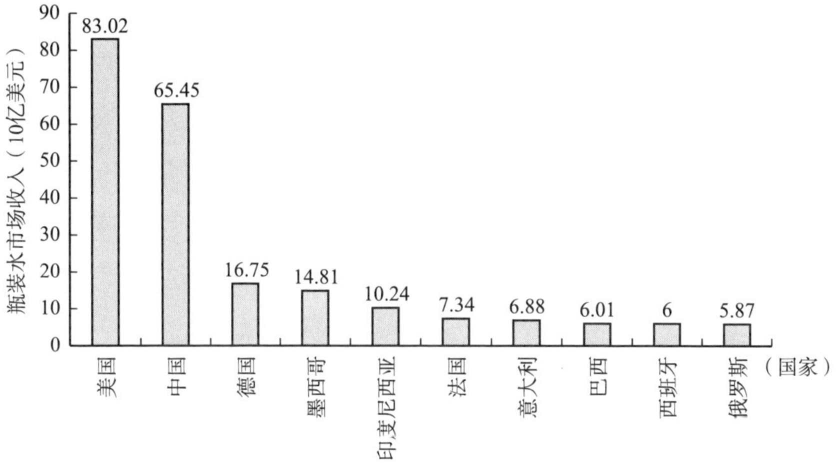

图 2 – 16　2022 年世界前 10 名国家瓶装水市场收入

资料来源：Statista 全球综合数据资料库。

2.5.3.2　国内外净水机行业对比（差距）

欧美、日韩等发达国家虽然自来水已经达到了直饮水平，但

① 朱会振．农夫山泉研究报告：自然匠心，饮水知源，水中王者瓶载乾坤［R］．西南证券，2022.

净水机普及率仍在 80% 以上，年增长率为 10% ~15%。而根据奥维云网（AVC）全渠道推总数据显示，我国家用净水机普及率在 18% 左右。图 2－17 显示了全球主要国家或地区的家用净水机渗透率，其中韩国家用净水机的渗透率位居第一，约 95%。虽然我国家用净水机渗透率偏低，但是市场发展潜力大。全球净水机市场预计将从 2022 年的 306 亿美元增长到 2029 年的 506 亿美元。美国净水机市场预计将从 2022 年的 61.2 亿美元增长到 2029 年的 91 亿美元。相比于国外净水机行业，国内净水行业目前仍有较大差距。我国净水产品普及率较欧美、日韩市场明显偏低。亚太地区，主要是印度和中国得益于人口增长在 2021 年占据了全球净水机市场的最大份额。近年来，净水制造的升级表现更为明显。我国净水企业通过坚持不懈的技术投入，开发出多项独创性技术，打破了以往国外净水技术垄断的局面。安吉尔 X－Tech 系列打破国外技术垄断，将长效反渗透滤芯等航空航天科技成果应

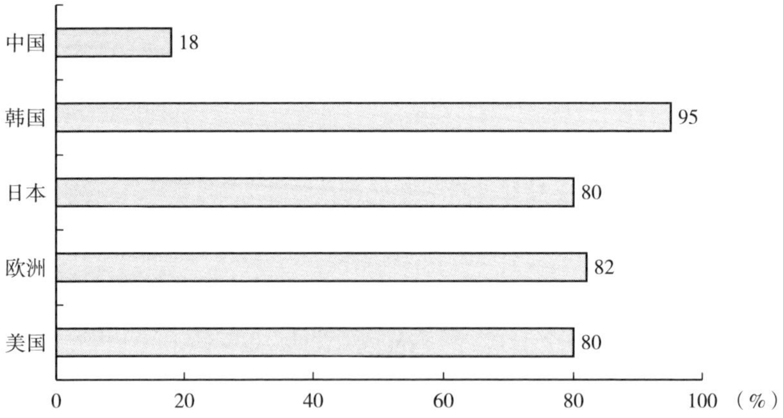

图 2－17　全球主要国家或地区的家用净水机渗透率

资料来源：田亚丽．"净"观其变　水到渠成［R］．北京奥维云网（AVC）大数据科技股份有限公司，2022.

用于净水机，过滤效果好，产品寿命长。碧水源自主研发的 SF PRO + 电荷筛选纳滤技术，方太首创的 NSP 选择性过滤技术，打破了行业技术壁垒，不仅达到了与反渗透过滤相同的过滤效果，还保留了对人体有益的营养物质。

2.5.3.3 国内外管道直饮水和分质供水行业对比（差距）

国外的分质供水系统主要是分为饮用水系统和非饮用水系统。早在 1983 年由美国供水工程协会（AWWA）下属分质供水分会提出的《分质供水指南》就对饮用水和非饮用水作出规定。饮用水定义为符合联邦与州政府水质标准，用于饮用、烹调与清洗的水。非饮用水定义为人们偶然消费而不致造成危害，用于非饮用用途的水，在家庭只用于冲洗卫生洁具（冲厕）。我国目前最常见的分质供水模式是管道分质供水，以现行自来水为水源，在供水区内分散设置深度处理净水站，城市自来水经进一步处理，在现有给水管网的基础上，另铺设一套专用饮水管道，供人们直接生饮。这种供水模式的优点是城市水处理系统和市政管网系统不需要改造，只需建立分散的处理点，省去了运输，用户可随时打开水龙头取水。

第 3 章

中国健康饮水产业体系主线

3.1 中国健康饮水产业体系

中国健康饮水产业体系是以智慧经济（含数字经济）为主导、健康产业为核心、现代制造为基础，通过包装水、净水机、管道直饮水三大产业的融合实现产业升级、经济高质量发展的产业形态。

中国健康饮水产业体系是具有中国特色的社会主义现代化经济体系中的宏观产业结构，既是发达国家可持续发展的产业形态，也是智慧经济时代发展中国家实现赶超战略的产业形态。

3.1.1 中国健康饮水产业体系的核心

中国健康饮水产业体系的核心是健康。

水对人体的重要性：从人的体重看人体大部分是水造的，水占成年人体重的60% ~70%，男人平均比女人高5% ~10%，婴儿体内含水可达80%，老年人体内含水量为50% ~60%。水是生命之源，维持生命及健康，作用包括溶解消化功能：水是体内一切生理过程中生物化学变化必不可少的介质。如食物消化和吸收，唾液、胃液、胰液、肠液、胆汁等，在这些消化液中水的含量高达90%以上。参与代谢功能：水不仅是体内生化反应的介质，而且水本身也参与体内氧化、还原、合成、分解等化学反应。如果人体长期缺水，会使代谢减缓从而堆积能量和脂肪，使人肥胖。载体运输功能：水充当了体内各种营养物质的载体。在营养物质的运输和吸收、气体的运输和交换、代谢产物的运输中，水都是起着极其重要的作用。调节抑制功能：水对机体有调节体温的作用。防止中暑最好的办法就是多喝水。润滑滋润功能：体内关节、韧带、膜等处都由水作为润滑剂，减少运动的摩擦，防止损伤。同时水还有滋润功能，使身体细胞经常处于湿润状态，保持肌肤丰满柔软。稀释和排毒功能：没有足够的水，毒素就难以有效排出，每天及时补充必要的水分很重要，喝好水能更好促进身体正常的循环，加快新陈代谢，保持青春活力。当人体失水占体重的10%，就会产生脱水，心跳加快、血压下降。当失水占体重的15%～20%时，就会危及生命。人的一切活动，都离不开水的作用。

世界卫生组织资料显示，全球有12亿人因饮用被污染的水而患上各种疾病，患病率高达20%；全球80%的疾病是由于饮用水被污染造成；全球50%的癌症与饮用水不健康有关。

饮用水中微量元素对健康的贡献也十分巨大。如钙和镁在骨骼健康和心血管健康方面起到重要作用；铜在抗氧化功能、铁元素利用和心血管健康方面有重要作用；硒在一般抗氧化功能和免疫系统方面有重要作用；锌是一种人体必需的微量元素，是300多种酶的催化剂组分，它还在蛋白质和细胞膜的结构整体性、激素与其受体的联结以及基因表达等方面发挥作用；碘是甲状腺激素的一种重要成分，而甲状腺激素是细胞生长和分化、新陈代谢速率的维持和全体细胞代谢所必需的；氟对儿童的牙釉质发育以及终生骨基质强化发挥着重要作用；钠是细胞外液的主要电解质等。喝健康的饮用水，就是保证身体健康的基础。

3.1.2 中国健康饮水产业体系的构建

水，是万事万物赖以生存的基础。没有水，自然天地中便没有了生成万事万物的根基和源头，根本谈不上包括人类物种在内的一切生命物质体系。高价值附加，是中国健康饮水产业体系的灵魂；普世性、创新性、低碳性、生态性、系统性、规模性、精准性，是中国健康饮水产业体系的本质特征。附加值是附加价值的简称，是在产品的原有价值的基础上，通过生产过程中的有效劳动新创造的价值，即附加在产品原有价值上的新价值。健康价值是健康饮水附加在原有水价值的基础上的新价值。

普世性是基于水是世间最接近“道”的物质，是中国式“普世价值”的根基，是生命和健康的泉源及普遍象征。

创新性体现在人们对生命健康与水健康的探索。

低碳性的核心是低碳经济和低碳生活。低碳经济，是以低能耗、低污染、低排放为基础的经济模式，是人类社会继农业文明、工业文明之后的又一次重大进步。它的实质是提高能源利用效率和清洁能源结构，核心是能源技术创新、制度创新和人类生存发展观念的根本性转变。所谓低碳生活，就是把生活作息时间所耗用的能量要尽量减少，从而降低二氧化碳的排放量。低碳生活，对于我们这些普通人来说是一种生活态度，也成为人们推进潮流的新方式。

生态性是基于水的普世性，是指一切与水相关的企业生存状态，以及企业与企业之间环环相扣的关系。

系统性是由相互作用、相互依赖的若干组成部分结合而成的，具有特定功能的有机整体，而且这个有机整体又是它从属的更大系统的组成部分。

规模性是基于普世性的基础上体现出来的产业规模巨大和庞大的个体大数据。

精准性是基于“一方水土养一方人”的区域健康饮水，以及基于个体的功能水。

构建健康饮水产业体系，首先是需要建立起健康的价值观，健康不止是个人最宝贵的财富，也是社会资产，维护健康更是一种社会责任；另外还需健康的经济观，健康投资是回报最大的投资，把健康投资作为个人支出的重要组成部分，把健康投资作为提供公共产品、扩大内需、拉动经济发展的最直接增长点；再有就是培植水文化。水，作为自然的元素，生命的依托，以它天然的属性，似乎从一开始便与人类生活乃至文化历史形成了一种不解之缘。纵观世界文化源流，是水势滔滔的尼罗河孕育了灿烂的古埃及文明，幼发拉底河的消长荣枯影响了巴比伦王国的盛衰兴亡，地中海的潮长潮落正是古希腊、罗马文化的摇篮，流淌在东方的两条大河——黄河与长江，滋养了蕴藉深厚的中原文化和绚烂多姿的华夏文明。水，以其原始宇宙学的精髓内涵已渗入人类文化思想的意识深层。在漫漫的历史长河中，伴随着人类的进化以及对自然的认知，由物质的层面升华到一种精神的境界。水文化是以水和水事活动为载体形成的文化形态。水文化的内容博大精深。既有物质形态的水文化，也有精神形态的水文化。介于物质形态和精神形态之间，还有一个制度形态的水文化。这三种水文化形态的关系我们可以这样来认识：人类与水的联系作用于自然界，产生了物质形态的水文化；作用于社会，产生了制度形态的水文化；作用人本身，产生了精神形态的水文化。水文化具有母体文化的特性。因为没有水，就没有人，也就没有文化，水是文明之源，也是文化之源，水文化渗透到所有文化的各个方面。因此，水文化是各种文化形态的母体文化。

构建健康饮水产业体系，要依托水文化从娃娃健康饮水抓起来，完善健康饮水教育体系。把健康饮水教育列入学校常规教育，让健康饮水知识走进课堂、走进教科书。积极开展社会健康饮水教育，全民普及健康饮水知识。充分体现健康饮水教育的持续性，终身接受健康饮水教育；更要充分体现科学性，传播准确、先进的健康饮水知识和信息。全民发展健康饮水，提升健康饮水理念。

构建健康饮水产业体系，要转变国民健康饮水观念，一方面，需要政府正确引导，建立健全相关保障机制；另一方面，从事生命健康行业的企业在健康饮水教育中也要承担起相应的社会责任，普及生命科学、树立健康饮水文明观念。

3.1.3 中国健康饮水产业体系的主线

中国健康饮水产业体系宏观上分为包装水产业体系、家用净水机产业体系、管道直饮水产业体系。

包装水产业工艺路线包括：①冰川水→水处理→包装水；②泉、湖、河、库水→水处理→包装水；③地下水→水处理→包装水。

包装水产业体系为水源（冰川水、泉水、湖库水、江河水、地下水）产业生态—水处理产业生态—包装水产业生态—运输产业生态—商超产业生态。水源产业生态包括水源开发、水源保护、原水提取等产业；水处理产业生态包括工艺研发、设备制造、数字化管理、智能开发等产业；包装水产业生态包括灌装机、码垛机、包装机的制造、工艺线的开发、智能管理、品质保证等产业；运输产业生态包括运输设备制造、物流管理、物品配送等产业；商超产业生态包括仓储产业、营销产业、服务产业、品控产业等。

家用净水机产业工艺路线如下：市政供水→水处理→用水。

家用净水机产业体系为水处理产业生态—营销产业生态—运输产业生态—售后产业生态。水处理产业生态包括工艺研发、设备制造、数字管理、智能开发等产业；营销产业生态包括创意文化、印刷、销售等产业；运输产业生态包括运输设备制造、物流管理、物品配送等产业；售后产业生态包括物流管理、物品配送、系统建设等产业。

管道直饮水产业工艺路线如下：上游水资源→取水→城市水处理→管网输送→二次水处理→用水终端。

管道直饮水产业体系为水资源产业生态—取水产业生态—城市水处理产业生态—市政供水产业生态—集中二次供水产业生态—终端产业生态。水资源产业生态包括水源调配、水源开发、水源保护、水质大数据等产业；取水产业生态包括原水输配、机械制造、工程建设、数字管理等产业；城市水处理产业生态包括工艺研发、设备制造、数字管理、智能开发等产业；市政供水产业生态包括水量供应、水质管理、水压保证等产业；二次供水产业生态包括工艺研发、设备制造、数字管理、智能开发等产业；终端产业生态包括设备制造、水质管理、用户服务等产业。

管道直饮水更契合普世性、创新性、低碳性、生态性、系统性、规模性、精准性。健康饮水产业体系主线以包装水产业系统、净水机产业体系、管道直饮水产业体系为支撑，以管道直饮水产业体系为重点。

3.2 自来水水质从源头到龙头的宏观控制

自来水作为健康饮水产业生产线上的主要原料，其水质状况直接影响产业所采取的水深加工技术及其发展方向。目前，我国自来水供应已建立从源头到龙头的全流程水质安全保障系统，该系统有序高效地运作离不开国家政府引导、供水企业运管和净水技术革新，三方互相作用、逐层递进，共同保障饮用水的安全供应，并影响健康饮水产业体系的技术主线。

3.2.1 国家政府引导

饮用水安全是国家水安全的重要组成部分。饮用水供给是制约国民经济发展的基础性产业之一，是关乎经济社会持续稳定发展、城市化进程不断推进的重要因素。从 20 世纪下半叶起，供水安全保障开始得到政府和公众重视。1972 年联合国第一次人类环境会议开始将 1981 ~ 1990 年作为"国际饮用水供给和卫生十年"，以加强和促进公共部门对饮用水安全的保障。随后，发达国家相继提出针对本国国情的饮用水安全保障框架，如美国先后颁布了生活饮用水安全法及其修正案、水源评价及保护导则，欧盟颁布了《欧盟水框架指令》等。在我国，随着社会经济快速发展和人们生活水平不断提高，公众健康意识不断加强，饮用水安全已成为人民群众最关心、与身体健康关系最密切的重大民生问题之一。党中央、国务院高度重视饮用水安全问题，“让百姓喝上放心水”是党和国家对广大人民群众的庄严承诺。保障供水安全与保障基本人权、维护社会稳定、支撑产业发展、提升社会福利水平密切相关，“水安全”已经上升到了国家安全战略的高度。

2005年国务院办公厅印发了《关于加强饮用水安全保障工作的通知》，明确指出需要充分认识保障饮用水安全的重要性和紧迫性，认真组织编制全国城乡饮用水安全保障规划，加强水资源保护和水污染防治工作，加大农村饮用水工程建设力度，加快城市供水设施建设和改造，加强饮用水安全监督管理，建立储备体系和应急机制。10年后，《水污染防治行动计划》（简称“水十条”）正式发布，强调大力推进生态文明建设、持续提升饮用水安全保障水平，具体要求到2030年，全国长江、黄河、珠江、松花江、淮河、海河、辽河等七大重点流域水质优良比例总体达到75%以上，城市集中式饮用水水源水质达到或优于Ⅲ类比例总体为95%左右。到21世纪中叶，生态环境质量全面改善，生态系统实现良性循环。为此，目前我国已经建立起了从“源头到龙头”的饮用水安全保障多级屏障技术，国家对供水各环节的宏观调控和主要成效分述如下。

在水源地管理方面，近年来生态环境部等部门颁布了《饮用水水源保护区划分技术规范》（HT338－2018）、《集中式饮用水水源地环境保护状况评估技术规范》（HJ774－2015）和《集中式饮用水水源地规范化建设环境保护技术要求》（HJ773－2015）等规范化文件，不断完善水源地管理制度，规范水源地保护与管理，持续推进全国集中式饮用水水源地环境整治。据生态环境部统计，2019年，我国899个县级水源地3626个问题中整治完成3624个，累计完成2804个水源地10363个问题整改，7.7亿居民饮用水安全保障水平得到巩固提升。①

立足我国国情、民生需求和生产实际，积极与国际水质标准接轨，我国饮用水水质标准不断提升。早在1956年12月，国家建设委员会和卫生部制定了《饮用水水质标准（草案）》，仅包括感官性状、微生物和一般化学类指标在内的15项指标。三年后，增加了浑浊度、肉眼可见物指标而扩至17项。1976年卫生部组织制定了我国第一个国家饮用水标准，定名为《生活饮用水卫生标准》（TJ20－76），增加毒理学指标后达到23项指标。直到1985年8月，卫生部正式颁布了首部国家级的《生活饮用水卫生标准》（GB5749－85），共计35项指标，于1986年10月起在全国实施。该版本标准沿用了20余年，于2007年完成第二次修订工作并出台施行GB5749－2006，水质指标增加至106项。2022年3月15日，国家市场监督管理总局和国家标准化管理委员会发布《生活饮用水卫生标准》（GB5749－2022），要求2023年4月起强制执行。本次修订后的最新版本顺应我国实际国情和城乡差异，并与国际水质标准相接轨，将水质指标调整为97项，为我国饮用水安全供应提供根本保障。

二次供水是指当民用与工程建筑生活用水对水压、水量的要求超过城镇公共用水或自建设施供水管网能力时，通过储存、加压等设施经管道供给用户或自用的供水方式。作为城市供水系统的“最后一公里”，二次供水是保障水质的重要环节，涉及千家

---

① 水专项饮用水安全保障技术体系综合集成与实施战略课题组．饮用水安全保障中长期科技发展战略［M］．北京：中国建筑工业出版社，2021.

万户，其安全性与可靠性备受社会关注。自2012年起国家颁布多项二次供水相关政策，鼓励并促进二次供水设施由供水企业统一运行维护管理，陆续出台相关规划将老旧落后二次供水设施的更新改造提上日程，并制定具体改造目标。在《国务院关于加强城市基础设施建设的意见》的指导下，国家住建部、发改委、公安部和卫计委四部委联合印发了《关于加强和改进城镇居民二次供水设施建设与管理确保水质安全的通知》，提出了有关二次供水建设、改造、运行维护管理等方面的具体意见，鼓励供水企业统建统管二次供水设施，加快了各地二次供水专业化管理的步伐，成为之后许多地区制定二次供水管理办法的重要指导文件。

为了切实提升我国自来水安全保障技术水平，国家还设立了众多与自来水供应相关的国家自然科学基金、重点研发和重大科技专项，通过科技攻关带动技术和行业快速发展。水专项是根据《国家中长期科学和技术发展规划纲要（2006－2020年）》设立的16个重大科技专项之一，旨在为中国水污染治理提供强有力的科技支撑。针对我国饮用水安全保障技术难题，水专项设置了“饮用水安全保障技术研究与示范”主题（简称“饮用水主题”）。该主题共设立了90余项与饮用水相关的研究课题，组织了全国300余家科研、设计、产品、应用单位参加专项研究，数千余名科技工作者投入科技攻关，系统开展了饮用水安全保障的共性技术、适用技术、集成技术的研究与示范，着力突破制约饮用水安全的关键技术瓶颈。通过工程、管理和综合示范应用，科研、管理、产业化平台建设和标准规范制定、人才培养等能力建设，构建了“从源头到龙头”全流程饮用水安全保障技术体系，为持续提升我国饮用水安全保障能力、保障人民群众的饮水安全提供技术支撑。

国家自然科学基金在饮用水技术领域于 2009 ~ 2018 年期间资助 400 余项，主要用于开展水源水污染物识别、微污染水源水净化机制解析、净水工艺优化运行理论与控制、饮用水输配过程中水质转化机制等方面的研究。2009 ~ 2012 年期间主要针对高效净水材料研发、净水工艺对污染物去除机制等方面开展研究，并开始关注消毒工艺中产生的消毒副产物，初步开展消毒副产物生成机制与控制机理研究。2013 年左右开始，研究方向逐步向新污染物毒理效应和控制、膜工艺优化等倾斜。建立和完善了典型药品和个人护理用品（PPCPs）的痕量检测方法。更加关注管网沉积物的存在对管网稳定性、水质二次污染的影响机制。意识到饮用水安全应急管理的重要性。重大及重点项目研究方向的改变，也说明经过十几年的研究，饮用水水源污染控制、工艺优化、消毒副产物生成机制等方面已经取得了重大科技研发进展，研究方向逐步转向饮用水复合污染过程及控制。

国家“973”计划、国家“863”计划、国家科技支撑计划、国家重点研发计划，更侧重于解决实际的饮用水安全保障存在的问题。国家“863”项目“水管网水质稳定性控制技术研究与应用”（2007 ~ 2009 年）、“给水管网化学稳定特性研究与控制技术”（2010 ~ 2012 年）主要针对管网水质稳定性影响因素及控制技术开展研究。国家科技支撑项目“农村安全供水消毒技术与装置开发”（2007 ~ 2010 年）、国家科技支撑计划重点项目“农村安全供水集成技术研究与示范”的课题（2007 ~ 2009 年），主要针对农村不同供水类型、不同供水规模等问题，开展适用技术、装置的初步研究。总之，城乡统筹区域供水模式、农村饮用水安全保障技术与成套装备、基于新材料的净水工艺、供水管网漏损控制等方向的研究都是国家重点研发计划的主要方向，并通过大量的示范工程实现研发成果大规模推广应用。“十一五”以来，“973”计划、“863”计划、国家科技支撑计划、国家重点研发计划在饮用水安全保障领域的成果陆续产出，充分发挥了科技项目对饮用水健康安全的支撑和引领作用，为城市及村镇供水安全提供了重要的理论和装备研发支持。

3.2.2 供水企业运管

供水企业作为自来水生产的主要部门，必须严格贯彻上述供水相关政策，适时调整企业运行与管理策略。自来水安全管理涉及水源地管理、水质风险评价、安全风险管理、行业绩效评估、饮用水安全督查等诸多方面。相比于发达国家，我国自来水安全管理技术研究起步较晚。经水专项、重点研发等科技攻关项目，我国初步形成了与国际接轨的自来水安全管理技术体系。

针对水源地管理，构建了“从污染源解析、污染源风险评估、高风险区域识别到保护区确定”的保护区划分技术体系。第一，供水企业采取合理的措施保护好饮用水的水源，定期开展巡检和水质分析工作，确保水源水质的安全。联合当地的监管部门如水务部门、林业部门、公安部门等，协同做好饮用水水源的保护工作，一旦发现水源污染问题，就立刻进行查处，严厉打击污染饮用水水源的行为，切实保障水源水质的安全性。第二，供水企业定期开展水源地水污染的处理和防治工作，消除城市快速发展带来的工业污染、生活污染和农业污染等对水源水质的影响。第三，供水企业配合各级政府建立健全水资源战略储备体系，包括城市备用水源建设、区域水资源配置和供水联合调度方案，以及制定城乡饮用水安全保障的应急预案。当原水、供水水质发生重大变化或供水水量严重不足时，供水单位立即采取措施并报请当地人民政府及时启动应急预案。

自来水厂作为制备生活饮用水的主要净水场所，供水企业应不断加强对水厂生产全过程的质量监控与自动化管理。现在大多数自来水公司已建立了以计算机为核心的实时数据收集、存储、显示、处理和优化调度系统，以及水质自动化监控和设备运行状态自动监视系统。降低制水成本、节能降耗，提高水费回收率；监视水厂运行事故，消除隐患，减轻劳动强度，提高工作效率和效益。以深圳为例，围绕该市建成现代化国际化创新型城市的建设目标，深圳水务成功构建了基于HACCP理念的饮用水生产全流程管理体系，并在2009年选定全市最大的供水厂——梅林水厂（60万立方米/天）开始试点，主要对整个生产过程所涉及的13个工艺节点，从可能性、严重性、不可探测性三个维度进行生物性、化学性、物理性、设备故障等各方面详尽的危害分析。经过试点，2011年形成深圳城市供水水质保障的质量体系模式，在深圳各水厂全面推广，并辐射至集团7个省18个城市的供水公司。水质检测是水厂开展工艺过程管理的重要任务，一般应根据水源水质和处理单元情况，选择控制性水质指标和检测点。对于多水源供水情况，水质问题复杂多变，一些省市的供水企业建立了特色化的供水水质监测预警系统。以济南市为例，采用了"全流程水质预警多源信息集成技术"，集成单一指标监测预警（趋势、时序、空间等）、多指标监测预警（相关性、回归、聚类等）和生物监测预警（发光菌、斑马鱼、青鳉鱼等）等技术，构建了基本信息数据库、水质评价数据库、水质预警数据库、水质仿真数据库、警情事件数据库、警情发布数据库和多源水质数据库，实现了整体规划、统一编码和中间转换规则；开发了全流程水质预警地理信息支撑技术，包含基于XML的水质预警空间数据交换机展示技术、基于WebGIS的水质污染场景动态渲染技术，有效展示了饮用水水质预警数据的时空变化特征，实现了水质预警数据管理、分析和维护。将水质安全评价、前台技术、后台支撑技术综合集成，形成水质监测预警系统，加强了城市供水系统水质监测及信息化对应急处理处置的技术支撑。

供水企业应不断提高供水管网质量和管理水平，注重管网水质监测、污染物渗入点及时排查等，以及智慧化管理与调度平台建设。在建设供水管网的过程中，供水企业便对供水管网的质量进行动态监控，派驻专人开展对施工材料、施工步骤和操作过程的监督工作，及时发现施工建设中存在的问题，确保供水管网的建设质量。完成供水管网建设后，供水企业应严格按照相关的建设参数和要求做好工程质量的验收工作。运行过程中，供水企业应定期开展供水管网的维护和改造工作。随着我国城市及其周边城镇的发展，城市的供水范围不断延伸，使得供水系统愈发庞大，供水管网愈发复杂，部分管网在长期使用中出现老化现象，频繁出现管网破裂，造成水资源的浪费。鉴于此，供水企业应切实做好老旧管网的维护和改造工作。例如，在进行管网维修时，供水企业可以采用新材料和新工艺来降低维修成本，保证维修的质量，进一步延长供水管网的使用年限。在供水管网改造时，供水企业可以加强对先进技术和设备的运用。例如，可以使用智能机器人来对管网内部工作情况进行检查和分析，进而对管网的运行情况进行评估，找出需要进行改造的管道。此外，供水企业还可以借助噪声分析仪来查看管道的泄漏情况、借助地质雷达来探查地下管道的安全情况，结合具体问题进行管网维护和改造。

作为供水企业，由其承揽二次供水相关业务有专业优势，能够很好地解决二次供水安全问题。但是，从法律层面来说供水企业并非二次供水设施的产权拥有者，对其没有管理义务。目前国家层面二次供水相关法律法规的缺乏，导致供水企业未能完全接管二次供水管理工作。近年来，各地陆续出台了二次供水设施的技术规范、卫生标准以及管理办法等文件，逐步鼓励供水企业接管二次供水设施的运行维护与管理服务。上海、苏州、唐山、绍兴、重庆、长春等城市和安徽省、四川省都明确由供水单位负责二次供水设施的运行、维护和管理。比如，《上海市居民住宅二次供水设施运行维护管理规定（试行）》第四条规定："供水企业负责二次供水设施的运行维护，保证二次供水设施的正常运行和供水安全。物业企业负责二次供水设施周边环境及相关设施的正常运行。"《苏州市生活饮用水二次供水管理办法》第八条规定："居民住宅的二次供水设施，经验收合格后，由供水单位负责运行、维护和管理。建设单位应当在正式供水前向供水单位移交二次供水设施，签订移交协议。移交协议应当向供水主管部门备案。二次供水设施运行、维护和管理的费用，应当执行价格主管部门核定的指导性收费标准，并在二次供水设施移交协议中明确。"此外，部分地区可自愿选择委托给供水企业或相关部门管理，如广州、中山、深圳等地。《中山市生活饮用水二次供水管理办法》第十条规定："新建建筑工程项目的二次供水设施经验收合格后，可委托属地供水企业统一管理维护，属地供水企业应当接管，实行一户一表，抄表到户"；第十三条规定："未移交给供水企业管理维护的二次供水设施，由物业管理企业负责二次供水设施的运行、维护和管理，供水企业直接抄表到户，水价与普通居民户同价。二次供水设施的营运、维护和管理所产生的费用由物业管理企业计入物业服务费成本”。《广州市二次供水设施管理办法》第十条规定：“二次供水设施产权所有人可自愿将二次供水设施交由供水企业或其他管理人维护。”由于我国各城市的二次供水历史背景、基础条件、政策和社会环境等有所不同，各地二次供水设施的运行管理权属问题一直是争论的焦点。总之，供水企业完全纳入二次供水工作将对其发展带来机遇和挑战，让供水企业能够实现供水的全过程监测与管理，更加贴近用户，提供更为优质的供水服务，从而拓宽业务领域，提升企业社会地位和影响力，也有助于企业可持续发展。

此外，供水企业还建立了供水水质监督体系，提高水质检测水平，进一步确保自来水安全性。第一，供水企业联合当地的水务部门共同构建水质的监测体系，制定科学合理的监测方案，加强对各个节点的控制，进而实现全过程的质量监督。例如，供水企业构建了从水源到出水再到供水的全过程水质监控体系，确保自来水在供应过程中的安全性。第二，供水企业严格做好水质的检测工作，结合国家的规范和要求建立相应的水质检验实验室，采用先进的检测设备来做好水质的检测工作，确保水质检测的准确性。在进行水质检测时，检测人员进行检测结果的跟踪，针对检测不达标的情况，供水企业及时进行处理，组织人员做好原因分析，并制定完善的措施，进而提高自来水处理水平，提升水质。第三，在开展水质检测工作时，供水企业也接受社会的监督，严格按照法律规定向社会公开水质的检测报告，接受社会群众的监督，并且定期向当地的水务部门提交水质检测报告，为水务部门的监督管理工作提供重要的参考数据。

3.2.3 净水技术革新

水厂水质净化技术是饮用水水质安全保障体系的核心，其主要目标是通过各单元的处理形成饮用水水质的多级屏障。近年来，随着我国工业化进程的迅速发展和人们对饮用水品质要求的日趋严格，自来水净化工艺不断发展。虽然在具体的技术运用上已经发生了很多的变革，但沿用了百余年的混凝、沉淀、过滤、消毒等传统处理工艺依然是我国净水工艺的主流。而传统处理工艺难以有效去除氨氮、高锰酸钾指数、微量毒害有机物、病原性原虫等污染物，难以有效解决水源污染与水质标准提高之间的矛盾，更是难以应对突发性水污染事件。鉴于此，历时三个五年计划的国家“水专项”系列，研究了饮用水系统中有毒有害污染物的迁移转化机制及风险识别，研究了特征污染物的高效去除与有毒有害污染物的控制机理，探究了基于水源水质时空差异的饮用水安全保障的战略对策。基于上述基础性研究成果，水专项开展了包括预处理、强化常规处理和深度处理在内的一系列关键技术研发并实现了应用示范，指导了水厂的技术改造或新建工程。

人类在约500万年的发展史中，都是傍水而居，直接饮用天然地表水（江水、河水、湖水、山泉水以及由地表水补给的浅层地下水）。人类长期生活的自然环境，本身就是一个生态系统；人类是这个自然生态系统的一个组成部分，参与生态系统的物质循环和能量循环，并在其中进化和发展了数百万年，完全适应了这个环境，其中也包括水环境。人类在这种天然水环境中经历上百万年进化发展形成的人类基因，对地表水应该是最适应的，即天然地表水对人体健康是最有利的。

19世纪末，人类遭遇了第一个重大饮用水安全问题——霍乱、痢疾、伤寒等介水细菌性传染病的流行。20世纪初，人类发明了氯消毒，解决了这一问题；同时为了提高氯消毒效果，在消毒前采用了混凝、沉淀及过滤等工艺去除水中的杂质，形成了第一代饮用水净化工艺。20世纪中叶，为防止成型肝类、脊髓灰质炎等介水传播的病毒引起的传染病暴发，人们采用“深度除浊”的方法将水的浊度降到足够低（如0.5NTU），并开始采用“紫外线消毒”等新型的消毒技术使病毒浓度降至致病阈值以下，从而有效控制疾病传播。

20世纪70年代，人们在饮用水中发现了对人体有害的氯化消毒副产物和人工合成的难降解有机物；而臭氧—生物活性炭工艺对消毒副产物前体物以及微量有机污染物具有较好控制和去除效果，可有效削减消毒副产物的生成势。于是将臭氧—生物活性炭置于常规处理工艺之后，称为“深度处理”工艺。此外，人们又开发出多种去除有机物的工艺，如强化混凝、生物过滤、粉末活性炭吸附、氧化以及高级氧化技术等。

绿色工艺，要求对水的天然属性没有影响或将影响削减到最小的水处理工艺。然而，近百年由于社会经济和生产的发展，大量污染物进入天然水体；受污染的水已不适于人类直接饮用。为了饮水的安全性，人们不得不采用各种方法以消除污染，恢复水的天然属性。饮用水净化工艺中所采用的各种处理方法，其中物理方法（自然沉淀、慢砂滤等），物理化学方法（活性炭吸附等），生物方法（慢滤、生物预处理、生物活性炭等），对水的天然属性没有影响或影响很小，一般认为是绿色工艺；而化学方法由于需向水中投加多种化学药剂，会影响水的固有化学成分、含量及其存在形态，引入新的化学物质并产生副产物，其中许多是对人体有毒害的，因此一般认为是非绿色工艺。

20世纪末，“两虫”问题在北美等地区暴发，即致病原生动物——贾第鞭毛虫和隐孢子虫引起的介水传染病。“两虫”的卵囊和孢囊具有很强的抗氯性，氯消毒难以将其灭活。常规工艺难以有效控制“两虫”疾病的传播和暴发。除了紫外线消毒工艺外，膜滤也可控制住“两虫”疾病的流行。在用微滤和超滤去除“两虫”过程中，发现其对病菌和病毒也有一定的去除作用。微滤膜孔径较大（>0.1微米），对细菌和病毒去除效果欠佳，超滤孔径为0.002~0.1微米，对细菌和病毒去除效果较好。水中最小的生物是病毒，所以也是去除的难点。水介传播的病毒的最小尺寸约为0.02微米，现今已能制造出孔径小于0.02微米的超滤膜（即致密型超滤膜），可将水中大多数微生物（包括致病微生物）去除，实现饮用水的生物安全性的大幅提升。而纳滤膜无疑也能将水中微生物全部除去。此外，膜滤在去除水中污染物的过程中不会产生副产物或其他有害物质，对水的天然属性影响最小，是典型的绿色净水技术，也是未来绿色饮用水净化技术发展的主要方向之一。通过不同膜工艺的耦合与集成，可形成针对不同原水水质和不同供水需求的膜滤净水体系，保障供水安全。目前，国产超滤膜组件已在我国膜法净水厂中占据主导地位，已产业化推广规模达1300万立方米/天以上，价格同比降低了30%，市场占有率超过70%。

在20世纪80年代，我国净水厂开始采用了臭氧—生物活性炭技术进行饮用水的深度处理，主要以原水中较高浓度有机物、氨氮为主要处理目标，通过臭氧—生物活性炭技术，实现有机物和氨氮的去除，该技术的应用始于大型企业的净水厂。北京田村山水厂是我国第一座采用臭氧—生物活性炭技术进行深度处理的中型城市自来水厂，建设规模为17万立方米/天，1985年投产运行，该水厂处理工艺对浊度、COD_{Mn}及臭味的去除效果良好，出水水质满足要求，运行稳定。1986年开始建设北京市第九水厂，分三期建设，建设总规模150万立方米/天，均采用了活性炭过滤技术，取得较好的出水水质，有效改善了首都供水的水质。昆明市六水厂南分厂针对滇池水源低浊高藻特征，于1996年底建成了10万立方米/天的以臭氧—生物活性炭技术为核心的深度处理厂，调试正常投入运行后处理效果良好。由于技术在各方面还未成熟，处理成本较高，之后的一段时间没有得到大规模的推广与运用。

随着我国研究人员对技术的不断深入了解与研究，进入21世纪以来，臭氧—生物活性炭技术迅速发展。在“十一五”期间，臭氧—生物活性炭技术处于技术成熟与示范阶段，可有效处理微污染原水、高藻水、含溴离子原水等，应用形式和改进方案也逐渐呈现多样化特征。以高藻和高有机物、高氨氮和高有机物、高嗅味和高溴离子、微污染等不同原水水质以及湖泊型、江河型、引黄水库、南方湿热地区等不同水源类型作为问题导向，通过氧化、吸附和微生物作用的协同原理，工艺设计与优化，如臭氧接触池设计、短流程工艺、上向流活性炭工艺等以及臭氧化副产物溴酸盐、微生物安全等次生风险控制技术研究，在平湖古横桥水厂（4.5万立方米/天）、无锡中桥水厂（15万立方米/天）、济南鹊华水厂（40万立方米/天）、上海临江水厂（60万立方米/天）、东莞第二水厂（1万立方米/天）、沙头角水厂（4万立方米/天）、深圳梅林水厂（60万立方米/天）、广州南洲水厂（100万立方米/天）等一大批水厂进行了分散式单点工程的示范应用。

“十二五”期间是臭氧—生物活性炭工艺衔接与集成优化阶段。选择了太湖流域、长三角地区、珠三角地区、南水北调受水区等重点地区的典型城市为代表，针对不同水质问题，开发了以臭氧—生物活性炭技术为核心的一系列深度处理工艺体系，形成了系统的微污染有机物的深度处理方案，并实现了大规模的示范应用。

“十三五”期间是臭氧—生物活性炭技术处于标准化及推广应用阶段。通过梳理、总结、凝练水专项实施前后臭氧—生物活性炭技术的研究成果与各示范工程的应用现状，补充完善技术的评估和验证后，对成熟度高的技术进行标准化、规范化，进一步提高臭氧—生物活性炭技术产业化水平，形成系列化、可复制、可推广和可持续的饮用水安全保障整体解决方案，全面支撑我国饮用水安全保障工作。

第 4 章

中国健康饮水产业生态

“十四五”规划和2035年远景目标纲要，作为指导今后5年及15年国民经济和社会发展的纲领性文件，明确提出：紧紧围绕占领未来产业发展规划的主动权，培育战略重点和支柱产业链，促进新型战略产业的结合、集群化和生态化发展趋势。产业生态是由社会产业要素资源构成、遵循经济学规律、相互依赖的动态产业空间。产业生态化是指产业自然生态有机循环原理，在自然系统承载能力内，对特定地域空间内产业系统、自然系统和社会系统进行耦合优化，达到充分利用资源、减少环境破坏，协调自然、社会与经济的持续发展。实施产业生态化要求在生产经营中大力推广资源节约型生产技术、建立资源节约型的产业结构体系，减少对环境资源的破坏，倡导绿色环保消费（见图4－1）。

立足于中国健康饮水产业生态，其产业要素资源组合包括：水资源（包括天然泉水、冰川雪水等天然优质水源、饮用水水源地）、生产（包括包装水制造、净水机制造、直饮水管网基础系统建设、智慧水务基础系统建设）、服务（包括品牌宣传推广、销售、配套设施服务）、制度（包括政府规划、产业政策、标准体系、制度体系等)。实现产业要素资源之间的共生、互生，从保护水资源出发，把对生态资源机械式、被动式的保护转变为自然资源价值保值增值。基于良好的饮水资源环境，引导供水企业围绕主导产业展开分工合作生产和服务，向高质量发展的产业系统转变，让生态价值源源不断转化为经济发展动力源泉。同时在水资源保护和生产与服务过程中，相关产业政策、标准体系的建立和完善将支持和促进产业发展，更好地融合并服务于产业中的各资源要素，使健康饮水产业生态发挥最大化的生态价值、社会价值和经济价值。

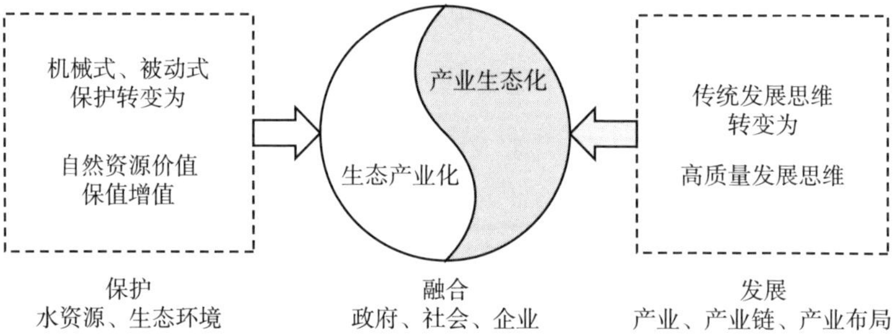

图 4-1　中国健康饮水产业生态体系

4.1　保护：提升饮用水源质量和稳定性

一泓清水，用之不觉，失之难存。饮水安全是实现健康中国战略目标的一部分，也是保障人民美好健康生活的必然要求。"十三五"以来，水利改革发展目标已逐步圆满完成，越来越多的青山绿水重现新颜，水资源治理和保护不仅关乎生态环境，更是为推动经济社会发展全面绿色转型和水产业生态文明建设提供动能。立足当下，坚持绿水青山就是金山银山理念，坚持山水林田湖草沙综合治理、系统治理、源头治理，提升江河湖泊生态保护治理能力，维护河湖健康生命，实现人水和谐共生，切实保障人民群众饮水安全是新时代的历史任务。

水是生命之源，饮用水水源是健康饮水产业生态的重要资源要素之一。最新的中国生态环境状况公报中提到2021年全国地级及以上城市集中式生活饮用水水源监测的876个点位中，有82.5%的点位全年水质监测均达标，其中包括564个地表水水源监测断面和261个地下水水源监测断面，未达标点位的主要超标指标分别为地表水：总磷、高锰酸钾指数和铁；地下水：锰、铁和氟化物，主要是由于天然背景值所致。2021年农村千吨万人集中式饮用水水源监测的10345个点位中，有78.0%的点位全年水质监测均达标，地表水水源和地下水水源达标占比分别为92.0%和61.4%，地表水未达标点位主要超标指标为总磷、高锰酸钾指数和锰，地下水未达标点位主要超标指标为氟化物、钠和锰，主要是由于天然背景值较高所致。由此就饮用水源水情来看，我国饮用水源整体质量良好，但部分地区仍存在水质不达标的问题，尤其是农村地区，饮水安全隐患、用水供需矛盾等问题依然存在。最新的中国水资源公报提到2021年全国用水总量为5920.2亿立方米，与2020年相比用水总量增加107.3亿立方米，其中生活用水增加46.3亿立方米，占用水增加总量的43.2%。21世纪以来，全国水资源一级区供水量和用水量（见表4-1）呈缓慢上升趋势，2013年后基本持平，但生活用水呈逐渐增加态势且生活用水占总用水量的比例也在增加，而全国水资源总量历年来变化不大（如图4-2所示），水资源作为基础性的自然资源和重要的战略资源仍是严重短缺的。由此就水资源储备和用量来看，随着人民生活质量的提高，用水需求和要求也在不断提高，提升饮用水源的质量和稳定性，促进健康饮水产业的高质量发展是维持全国人民生活用水需求和质量的必然要求。

表4-1　　　　历年全国供水量和用水量　　　　单位：亿立方米

年份	供水量				用水量					
	地表水	地下水	其他（非常规水源）	供水总量	生活	工业	其中：直流火（核）电	农业	人工生态环境补水	用水总量
2021	4928.1	853.8	138.3	5920.2	909.4	1049.6	507.6	3644.3	316.9	5920.2
2020	4792.3	892.5	128.1	5812.9	863.1	1030.4	470.3	3612.4	307.0	5812.9
2019	4982.5	934.2	104.5	6021.2	871.7	1217.6	479.3	3682.3	249.6	6021.2
2018	4952.7	976.4	86.4	6015.5	859.9	1261.6	488.3	3693.1	200.9	6015.5
2017	4945.5	1016.7	81.2	6043.4	838.1	1277.0	478.3	3766.4	161.9	6043.4
2016	4912.4	1057.0	70.8	6040.2	821.6	1308.0	480.8	3768.0	142.6	6040.2
2015	4969.5	1069.2	64.5	6103.2	793.5	1334.8	480.8	3852.2	122.7	6103.2
2014	4921.0	1117.0	57.0	6095.0	767.0	1356.0	478.0	3869.0	103.0	6095.0
2013	5007.3	1126.2	49.9	6183.4	750.1	1406.4	495.2	3921.5	105.4	6183.4
2012	4952.8	1133.8	44.6	6131.2	739.7	1380.7	451.1	3902.5	108.3	6132.2
2011	4953.3	1109.1	44.8	6107.2	789.9	1461.8	437.5	3743.6	111.9	6107.2
2010	4881.6	1107.3	33.1	6022.0	765.8	1447.3	/	3689.1	119.8	6022.0
2009	4839.5	1094.5	31.2	5965.2	748.2	1390.9	/	3723.1	103.0	5965.2
2008	4796.4	1084.8	28.7	5909.9	729.2	1397.1	/	3663.4	120.2	5909.9
2007	4723.5	1069.5	25.7	5818.7	710.4	1404.1	/	3598.5	105.7	5818.7
2006	4706.8	1065.5	22.7	5795.0	693.8	1343.8	/	3664.4	93.0	5795.0
2005	4572.2	1038.8	22.0	5633.0	675.1	1285.2	/	3580.0	92.7	5633.0

资料来源：根据公开资料整理。"/"表示该年份对该类用水量没有做数据统计。

图4-2 2005~2021年全国水资源总量变化趋势

着眼长远，保护优先。当前，“十四五”纲要已经就加强重要水系源头地区开展横向生态补偿措施，加强黄河、长江等大江大河和重要湖泊湿地生态保护治理部署，水利工作的“十四五”具体目标也已锚定，水资源保护将为推动高质量发展贡献更大力量，健康饮水产业是高质量发展的巨大推力！正如各类包装饮用水广告语所作的描述，“千年冰川，万年好水”（5100西藏冰川），“来自阿尔卑斯山底”（依云矿泉水），“水的质量，决定生命质量”（昆仑山矿泉水），饮用水的品质取决于水源，无论是包装饮用水，还是净水机、管道直饮水，水的自然循环和社会循环与人体生命活动息息相关，只有保护好水源地环境，维护产业上游生态良性发展，人与水和谐共生才能不断“提高”广大群众的生活品质。提升饮用水源的质量和稳定性需要政府相关部门加强水源地勘察与保护。首先需要从政策层面下达标准产业政策、标准体系和制度体系，严格划分水源地保护区域，定期监测各项水质标准，对于可能存在的水质污染点要从源头消减、过程控制和系统治理三个层面做好水源地保护和管理工作。提升饮用水源质量和稳定性需要产业主体不断提高运行管理和技术服务能力，坚持节水优先（调整产业结构、转变运营方式、提高生产质量），保护优先（推广可回收水资源理念、建立节约型产业结构体系），适度开发（优质水资源适度开发与保护并存）。其次是优化产业布局，如直饮水产业，需因水制宜，统筹区域内水源条件、实际用水需求、地方财力水平等因素，在加快区域或全城直饮工程建设的同时，加快健全供水管理体制，保证健康饮水源稳定性。持续提升饮用水源质量与稳定性非一日之功，产业各参与主体需压实主体责任。

4.2 发展：推进健康水产业生态建设

绿水青山就是金山银山，一方好水带动一方经济，将生态优势转变为发展优势，将传统思维转变为高质量发展思维，让人民群众持续共享生态带来的绿色发展成果。推进健康水产业生态建设需要聚集各项资源要素来发掘产品价值功能、丰富产业类型，进一步做到产业间优势互补、市场有效对接，不断完善延伸产业生态链，打好健康饮水产业生态根基。

产业生态发展要科学定位，因地制宜。对于包装饮用水产业，优质的天然饮用水资源是产业发展的重要制约因素，其产业布局与水资源优势的关联度较高，目前我国中西部包装饮用水产业的资源优势正加速转变为产业发展优势。立足于良好的水资源优势，政府应引导企业间、行业间加强沟通合作，共赢共享扩大产品市场，打造区域知名产品，开发具有地方特色和比较优势的生态好水产品。同时企业应牢固树立市场意识和品牌意识，加强品牌培育，有效延伸健康水产业链，不断提高优质水源的含金量。在实现产业带动经济高质量发展的同时，改善人民生活水平，实现经济与生态共赢、发展与富民同步。

产业生态发展要全面加强生产过程管理，深入贯彻绿色可持续发展理念。行业和企业要对生产环节制定明晰的固体废弃物、废气、废水的排放标准，广泛开展清洁生产、绿色生产情况评价，切实将产业对周围生态环境（水、土壤和大气）的影响纳入产业政策中，坚持生态保护优先，污染一票否决制。企业在生产过程中要通过技术创新减少对资源的消耗，坚持节水、节药和节能原则。如针对包装水生产超量消耗的水资源问题、净水机使用过程产生的废水问题以及直饮水生产过程中产生的浓水问题，需要实行减排放、多回收、再利用的实施措施来降低废水率、提高回收率和再利用率。

产业生态发展要全面完善、强化基础设施保障。产业做大做强需要完善的保障措施来保驾护航。鼓励产业集群化合作管理，打造健康饮水产业绿色发展先行示范区，集包装印刷、材料制造、物流运输、销售宣传等于一体，通过以主导产业带动配套产业的模式，加快建设基础设施保障，这在一定程度上也是资源互补和整合。如农夫山泉拥有十一大水源地，有黑龙江大兴安岭、吉林长白山、新疆玛纳斯、四川峨眉山、广东万绿湖等，其采取的是“水源地建厂、水源地灌装、水源地就近区域销售”企业发展策略，多以水源地为中心打造一定规模的产业集群，并推出具有地域特色的产品品牌（长白山水、武夷山泉水），在生产、运营和推广上全面发展。

4.3 融合：生态价值与经济价值双循环

健康饮水产业生态化与生态产业化的有机融合，一方面可以有效降低水资源的消耗、减轻水资源和环境污染，助力生态文明建设和健康中国建设；另一方面可以提供更具竞争力的生态产品和服务，为产业发展乃至地方经济发展提供强大动力。产业生态各项要素资源的融合要做到通达和互补。通达即要从产业上游、中游和下游全产业链彻底厘清产业与生态两方面的理念，包括水源地、生产商、经销商、服务商、用户终端、市场、政府、政策标准等之间的关联。互补要做到充分发挥生态资源功能和环境资源功能来弥补和提高其他资源要素的不足。融合需要“生态产业化”和“产业生态化”的共同推力作用来实现生态价值与经济价值双循环。

融合需要推进生态产业化。首先，要招商引资，政府要加大财政支持、政策支持，在合理开发的基础上推动自然资源转化为经济资源。其次，模式创新，健康水产业培育和发展要拓展“生态+”模式，在产业传统营销模式上进行一定的改革和创新，如包装水产业可以拓展“生态+水产品/水文化”模式，净水机产业可以拓展“生态+人工智能+产品”模式，管道直饮水产业可以拓展“生态+数字化运营”模式等。最后，要完善产业链和供应链，通过把传统独立的产业运营资源要素集中化构造“水源+监管部门+企业+供应链+市场”的完整产业链以降低生产成本，发展循环经济和现代化供应链，打造区域型生态产业。

融合需要推进产业生态化。保护水源地环境，稳步保证和提升饮用水源质量是产业生态化发展的重要基础，关系到民生福祉，也是国家治理能力的重要体现。首先要保护优先，要明确水源地生态环境保护需求，最大程度减少产业发展给生态环境带来的负面影响，改善水源地生态系统，增强其可持续发展能力，通过政府监督、公众监督对水源地全域实施有效管理。其次要技术创新，推进产业生态化转型，通过数字化技术、人工智能、绿色发展技术等对传统制水、供水企业生产流程进行改革创新，提倡绿色供应链管理，降低生产能耗，减少水资源浪费。再次要产业布局优化，通过合理分布核心饮水产业与各配套产业及其他产业布局，推动关联产业联合发展，强化自然资源综合利用效果，融合发展。最后要因地制宜，依托当地优质水资源或自然资源条件，大力推广优质生态水产品，水文化，提升水底蕴、水价值，传递生态之美。

融合需要生态产业化和产业生态化互利共生，充分发挥各资源要素协同力量，实现经济高质量发展和生态环境高水平保护。饮水是生存之本，做好中国健康饮水产业功在千秋，发展实现生态产业化和产业生态化高度融合需要政府、社会、企业共同出力，让健康饮水理念和实践深入渗透到经济层面、社会层面和生态层面，真正让全社会达成“绿水青山就是金山银山”的高度共识，让一泓清水永淌心田。

第 5 章

健康饮水产业与公共安全的关系

从个人来说，饮水的品质与每个人的身体健康相关。从整个社会来看，安全健康的饮用水与教育、医疗、卫生等行业的公共安全有直接的关系。另外，城市供水系统及健康饮水的基础设施需要一定的韧性，即在面对由于自然灾害或者人为因素引起的突发水污染事件所造成的社区水危机，需要有完善的预案和相关措施保障居民在应急条件下的饮水安全的健康。

5.1 健康饮水的质量与安全

健康饮水的质量从有益健康的角度进行量化，健康饮水的安全从减少危害的角度进行量化。

5.1.1 健康饮水的质量

健康饮水的质量量化主要以矿物质含量指标为主。海军医学研究所营养给水研究室给水科研组的丁南湖等认为健康的饮用水必须含有一定的硬度，含有矿物质，1992 年制定了《低矿化度饮用水矿化卫生标准》（GJB1335 －92）（见表 5 －1）。标准规定，需对低矿化度饮用水进行矿化处理，让钙、镁、钾、钠、总硬度与总溶解固体等达到一定限度。2021 年《健康饮用水水质》标准，规定了健康饮用水的微量元素限值和目标值（见表 5 －1）。

表 5 －1　《低矿化度饮用水矿化卫生标准》（GJB1335 －92）水质指标

指标	单位	适宜浓度范围	最高限量值
钾（K^{+}）	毫克/升	5 ~ 10	20
钠（Na^{+}）	毫克/升	20 ~ 100	200
钙（Ca^{2+}）	毫克/升	20 ~ 50	75
镁（Mg^{2+}）	毫克/升	10 ~ 20	50
氯化物（Cl^{-}）	毫克/升	50 ~ 100	250
硫酸盐（SO_4^{2-}）	毫克/升	30 ~ 100	250
重碳酸盐（HCO_3^{-}）	毫克/升	50 ~ 150	250
总硬度以 $CaCO_3$ 计	毫克/升	100 ~ 200	450
溶解性总固体	毫克/升	200 ~ 500	1000
pH 值		7.5 ~ 8.5	6.5 ~ 9.0

《健康饮用水水质》（T/CAPS01 －2021）要求：健康饮用水应符合表中溶解性总固体指标，同时满足其余 10 项中的 5 项及以上，保持水中矿物离子的种类和均衡（见表 5 －2）。

表 5 －2　《健康饮用水水质》（T/CAPS01 －2021）水质指标

项目	限值	目标值	检验方法
溶解性总固体（毫克/升）	50 ~ 1000	200 ~ 600	GB/T5750
总硬度，以 $CaCO_3$ 计（毫克/升）	20 ~ 500	100 ~ 300	GB/T5750

续表

项目	限值	目标值	检验方法
钙（毫克/升）	≥5	50～90	GB8538
镁（毫克/升）	≥0.5	15～40	GB8538
铜（毫克/升）	0.2～1.0	0.5～1.0	GB/T5750
锌（毫克/升）	0.05～1.0	0.2～1.0	GB/T5750
锶（毫克/升）	0.2～10.0	5.0～10.0	GB8538
碘（毫克/升）	0.03～0.08	0.06～0.08	GB/T5750
氟（毫克/升）	0.1～1.5	0.7～1.2	GB/T5750
硫酸盐（毫克/升）	5～250	30～200	GB/T5750
钠（毫克/升）	5～200*	10～200	GB/T5750

注：*婴儿冲奶粉水，钠≤20毫克/升。婴儿冲奶粉水的钠含量与配方奶粉钠含量之和参考母乳中钠的含量。对于天然水源水中本身溶解性总固体或总硬度低于限值下限的情况，处理后水质这两类指标下降幅度均低于20%，仍然认为符合本标准限值的要求。

5.1.2 健康饮水的安全

健康饮用水的安全量化主要以水质毒理学指标和微生物指标为主。《低矿化度饮用水矿化卫生标准》（GJB1335－92）规定，矿化水经消毒后，方可饮用。《健康饮用水水质》（T/CAPS01－2021）对毒理学指标和微生物指标作出限定，具体见表5－3和表5－4。

表5－3　《健康饮用水水质》（T/CAPS01－2021）毒理学指标

项目	限值	目标值	检验方法
三氯甲烷（毫克/升）	≤0.03	≤0.01	GB/T5750
一溴二氯甲烷（毫克/升）	≤0.03	≤0.01	GB/T5750

续表

项目	限值	目标值	检验方法
二溴一氯甲烷（毫克/升）	≤0.05	≤0.01	GB/T5750
溴酸盐（毫克/升）	≤0.01	≤0.005	GB/T5750
砷（毫克/升）	≤0.005	≤0.003	GB/T5750
铅（毫克/升）	≤0.005	≤0.003	GB/T5750

表5-4　《健康饮用水水质》（T/CAPS01-2021）微生物限量指标

项目	采集方案*及限值			检验方法
	n	c	m	
大肠菌群/（MPN/100mL或CFU/100mL）	10	0	0	GB/T5750
粪链球菌/（MPN/250mL或CFU/250mL）	10	0	0	GB8538
铜绿假单细胞/（MPN/250mL或CFU/250mL）	10	0	0	GB8538
产气荚膜梭菌/（CFU/50mL）	10	0	0	GB8538
病毒（肠道）/（PFU/250mL或MPN/250mL）	10	0	0	水和废水检测方法（第22版，APHA）

注：*样品的采样及处理按GB4789.1执行。n：同一批次产品应采集的样品件数；c：最大可允许超出m值的样品数；m：微生物指标可接受水平限量值。

5.2 健康饮水与教育、医疗、卫生的关系

饮水与人类的健康息息相关，健康饮用水与教育、医疗卫生有着密切的关系。饮用水作为一种人体必需的营养素，其品质对人体健康密切相关。根据世界卫生组织（WHO）的数据显示，全世界发展中国家80%的疾病和死亡都与使用不安全的水有关。人体生长的必需元素有10%～20%都可以从饮用水中直接摄取，

饮水也是人体摄取矿物质和微量元素的途径之一。世界卫生组织在第一版的《饮用水水质准则》中就提出饮用水中的钙、镁的典型摄入量约为成人总摄入量的5%～20%；当每日摄入量低于世界卫生组织（WHO）给出的每日摄入量的建议值时，身体容易出现不适。虽然饮用水不是这些元素的主要来源，但是当它们在食物中处于缺乏或边缘性缺乏状态时，通过饮用水途径补充变得非常重要。值得注意的是，当这些必要元素在饮用水中浓度过高时，也会带来口感问题和潜在的健康危害。

5.2.1 健康饮水与教育的关系

近年来，我国经济水平不断提高，教育水平也显著提升，全民对于健康饮水的意识也逐渐增强，其中校园健康饮水直接关系到师生健康。苏州市相城区政协第四届第二次会议提案了《关于关注校园饮水安全、加大推广安装学校直饮水设备的建议》，教育局及水利局、市场监督局也作出了相应回复。通过对国内学校学生饮用水供水方式调查得出目前国内学校学生饮用水来源主要通过桶装水、自备饮用水及直饮水系统为主。目前，大多数学校的饮用水来源是桶装水加饮水机的组合形式，桶装水保留了水中的矿物质，适合中小学生饮用，但存在因饮水机内管道清理不到位而产生二次污染的隐患。因此，这种饮用水方式正在慢慢被其他供水方式取而代之。自备饮用水主要是由家长为孩子准备的瓶装水或凉开水，只是少数学生的饮用水来源。相比而言，直饮水系统具备更安全、更经济也更便捷的特点，但同时也存在净水过度的隐患，如使用反渗透技术的直饮水系统会将水中的有益矿物质全部去除，不利于青少年身体成长。水中含有的钙、镁、锌等是青少年成长过程中不可或缺的矿物元素，对于调节体内酸碱平衡，提高免疫力和新陈代谢能力有极大的帮助。因此，教育部制定发布《中小学膜处理饮水设备技术要求和配备规范》（JY/T 0593－2019），指出中小学膜处理饮水设备宜采用纳滤、超滤的过滤方式，适量保留水中有益矿物质。饮用水中的钙、镁是以溶解的离子形式存在，相比食物中的钙和镁更容易被人体吸收。饮用水可以补充身体水分，也是人体多种矿物元素补充的重要途径。中小学期间正是青少年生长发育的关键时期，其生理特点与成年人不同，不但要多喝水，更要喝含矿物质的水，健康饮水要从娃娃开始普及并落到实处。

5.2.2　健康饮水与医疗卫生的关系

饮用水安全是关系民生的重大公共卫生问题，公共卫生直接关系到公众健康和社会繁荣发展。水质污染导致的介水传染病时有发生，且多次造成了大规模的传播和流行。介水传染病又称水性传染病，是通过饮用或接触受病原微生物污染的水而传播的疾病，其防控措施是通过对水进行消毒，杜绝传播的源头。公共卫生以群体健康为中心，它在人类发展历程中发挥的巨大作用，是社会发展的基础。饮用水卫生安全作为公共卫生安全的重要组成部分，也是保障健康的基本前提。从古至今，人类一直在寻求改善饮用水水质的途径，以保证饮用水的安全与身体健康。从井水，到自来水、矿泉水，再到现在的健康水，饮用水的安全卫生直接关系着人体的健康状况，饮用水是人类生存的必需品，只有确保水质的卫生与安全，才能保证健康美好的生活质量。

人类对饮用水功效的认识最初是解渴、维持生命，后来发现一些天然水对保健和某些疾病有辅助疗效。俗话说"药补不如食补，食补不如水补，水是百药之王"。美国医学博士巴特曼的著作《水是最好的药》中，讲述了水与慢性疾病的关系。保证饮用水的足量摄入可以增强人体免疫功能，帮助身体恢复。由此可见，饮用水在医学与健康领域里有着不可忽视的重要地位。安全和健康的饮用水可以避免因水污染引起的疾病，从而提高整体期望寿命、降低婴幼儿和孕产妇死亡率。水是矿物质最佳的载体。如果缺乏某种矿物质，人就容易生病。饮用水和补充人体的矿物质密切相关，饮用水中补充的人体所需的钙和镁可以高达每日摄入量的 20%。在钙、镁元素适宜的摄入范围内，摄入量越大，心血管疾病和高血压的风险就越小。还有一些研究发现对钙元素的终身高摄取可以保持骨组织的高密度，减少骨折的发生。如果去除了饮用水中人体必需的微量元素，人体可能会因为微量元素的缺乏产生一系列病症。大量文献表明，许多慢性疾病，特别是心血管疾病的发病率与各类水的软化程度（缺乏矿物元素）有关。据估计，全球近 40% 的女性患有贫血，这在很大程度上是由于缺乏生物可利用性膳食铁。钙（或许还有镁）的摄入不足会导致全球儿童佝偻病和女性骨质疏松症。许多研究证明饮用低矿物质水对心血管疾病、骨质生长有一定的影响。矿物质水中含有的锶是人体所必需的一种微量元素，和人体骨骼形成息息相关，同时也和人体血管的功能构造密切相关。人体在饮用水中摄入一定量的氟元素可以有效预防龋齿。人体必需的微量元素除了通过膳食的途径补充，饮用水也可以在一定程度上为人体提供营养。因此，饮用健康水可以增强人体免疫力，有利于提高国民身体素质。健康饮用水是保持身体健康和生命安全的重要保障，是"医治未病"的首选方法。

5.3　健康饮水应急管理

面对突发水污染事件，应有应急供水措施。以健康饮水主线管网分质供水为例，健康饮水应与市政供水和分质供水与二次供水相统一，各级供水部门应从水源、水质、水厂及供水管网等方面建立并完善突发事故下的应急供水预案。同时，城市供水面对突发事件愈加频繁，要防患于未然就要经常进行制度性的定期检查薄弱环节，铲除隐患，以便在问题发展成为危机之前得以发现和解决。对于供水企业，需要重视供水风险方面的技术和理论研究，将风险工程学中先进的风险管理技术应用到供水系统中，以便完善供水安全理论和抗灾能力。

5.3.1　与市政供水突发事故应急供水管理系统共建

5.3.1.1　基于市政供水的突发事故下应急供水措施依据

(1) 应急水量需求分析

突发事故下水资源相对缺乏，利用有限水量满足最大要求是应急水量需求分析的目的，合理分配生活、生产及生态用水。

(2) 供水系统状态评估

供水系统状态评估是指及时了解突发事故所造成的供水系统破坏状况，进行状态评估为应急措施提供科学依据。评估对象主要包括水源与取水构筑物、应急处理设施以及管网，评估内容包括受损原因、影响范围、受损程度及修复时间等。

(3) 分步实施应急措施

供水系统的破坏不能立刻恢复时，相应的应急措施也应循序渐进，在时间跨度上分成应急供水（维持人的基本生存需要）、短期供水（突发事故后2~6周时间）和长期恢复性供水。

5.3.1.2 制定突发事件的应急技术措施

(1) 建立应急水源

单水源供水模式在遇到水源突发事件时，易发生停水事故。因此各供水系统应储备自己的第二甚至第三水源以应对水源突发事件。多水源组合方式可有以下几种：①在地下水比较丰富地区采用地表水和地下水组合方式形成互为备用水源；②在城市较为集中地区，如长三角地区，通过区域供水调度的方式，将各城市水源互为备用；③在以上条件均不满足的地区，也可考虑修建一定蓄水设施（水库等），不仅可以提供一个多水源的供水系统，同时又可以有效调节丰水期与枯水期水量平衡；④针对目前许多城市地下水位持续下降的情况，可考虑将经处理后水质合格的雨水或其他符合标准的水回渗入地下，不仅可改善城市地下水状况、修复生态，在突发水源污染事件时，可作为第二水源，缓解供水压力。

(2) 储备应急技术

相关的管理部门和科研人员应根据饮用水相关水质标准，对潜在的污染风险和可能涉及的污染物，分别进行试验研究，确定适宜的应急处理技术、工艺参数和可以应对的超标倍数，为城市供水行业应对水源突发性污染事故提供技术指导。根据我国供水系统突发事件特点和已发生过突发性水源事故城市的经验，城市供水应急处理技术体系可分为六类应急处理技术：①应对可吸附有机污染物的活性炭吸附技术；②应对金属和非金属污染物的化学沉淀技术；③应对还原性污染物的化学氧化技术；④应对微生物污染的强化消毒技术；⑤应对挥发性污染物的曝气吹脱技术；⑥应对藻类暴发及其特征污染物、藻毒素、嗅味的综合处理技术。

(3) 突发事故下临时供水

对于供水系统受损严重，无法及时修复供水的情况，为保证基本饮用水供应，需要建立临时供水设施。临时供水主要分为以下几种方式：一是储备桶装水和瓶装水，能够及时有效缓解饮水短缺问题；二是建立小型移动式水处理设施和应急饮用水调配路径。应加强用于应急处理的小型水处理设施研制，提高其工作效率和处理效果，有效保障突发事件下的临时供水，缓解居民恐慌心理。同时，还应制定突发事故情况下的供水标准，为突发事件下供水应急处理提供依据。紧急情况下部分水质指标可以低于常规的供水水质标准，以保证短期内不会对人体造成伤害为原则。同时针对具体的突发事件，对于常规水质标准之外的污染物也需要有相应规定。

(4) 建立区域供水应急响应系统

建立区域供水应急响应系统是指在突发事件下应突破简单的行政区划，建立区域性的供水应急措施，保证区域内各供水单位之间建立畅通的通信机制和有效的互助方案。区域性应急供水技术主要包括以下几个方面：①区域内发生突发事故危急供水安全时，应急预案在较短时间内得到响应；②及时组成应急指挥部及专家组，迅速赶往事故地开展工作；③保障突发事故下应急供水，保障短时间内（3 ~ 5 天）饮用水供应，如及时组织调配桶装水或瓶装水供应；④加强区域协作，迅速开展事故调查，控制事态发展，及时向社会公开事故进展状况，稳定民心；⑤建立责任追究制度，明确各行政区及部门职责，将职责具体到人。

5.3.1.3 突发事故下供水系统应急预案

供水系统应急预案是指通过对突发事件的种类、范围及其危害程度做出分析判断，为消除、限制事件影响范围的扩大，预先制定出减轻和消除事件中不良后果的有效措施，尽快恢复城市供水日常运行状况。目前，我国多数城市都已建立起基本的“城市供水系统重大事故应急预案”，应急预案主要包括应急指挥体系的建立、日常预防预警机制、应急响应、应急准备和应急终止五个部分。在供水系统中，应急预案主要分为以下几种：

(1) 水源突发性污染事件应急预案

水源在供水系统中处于源头位置，一旦受到突发事件影响会波及整个供水安全。针对其建立的预案通过应急监测和应急技术措施，达到应对突发事件对水源的影响。

(2) 水质异常应急预案

水质对于普通消费者具有一定隐蔽性，不易察觉，这也决定水质异常监测的重要性。预案通过建立监测体系、检测技术措施以及应急措施保障供水水质安全。

(3) 水厂设备故障应急预案

水厂设备正常运转是保障水质水量的基本要求，针对水厂设备特点建立预案，在突发事故下提供故障查找、修复措施，降低事故对供水造成的影响。

(4) 供水管网突发事故应急预案

供水管网作为城市供水系统经脉，爆管等管网事故的发生带来严重经济损失和社会影响。预案通过爆管预测、事故报告、修复方案以及确定影响范围等措施，达到降低供水管网突发事故对供水的影响。

(5) 科学制定预案及日常维护

预案制定只是突发事故下应急技术的第一步，为使应急预案在突发事故下起到关键作用，科学制定和日常维护也很重要。①预案的编制必须有相关法律规范作为支撑，强化规范化、法制化管理；②预案中涉及的部门必须有明确的分工，职责明确，量化奖励和处罚力度；③日常管理中加强预案的演练，熟悉预案的细节，找出预案中潜在的不足。

以上几种预案主要是针对城市供水系统提出的应急预案，而农村地区经济基础薄弱，没有大量资金用于突发事件下供水应急技术的建设，解决的办法之一是通过以城市为中心，建立区域性的供水应急预案。

5.3.2 管道直饮水与二次供水突发事故下的应急供水管理共建

直饮水管道与二次供水管道平行铺设，直饮水与二次供水属同一水源，可以共同建设应急供水管理。

5.3.2.1 直饮水与二次供水的突发事故下应急供水措施依据

直饮水与二次供水解决了高层建筑的用水问题，在其发展的过程中也有一定缺点。直饮水与二次供水均是通过增压的方式将水储存在固定的储水容器中，这就可能导致二次污染问题，并且在储水设备中容易滋生细菌，导致水中的有害物质含量超标。

直饮水与二次供水水质安全隐患包括以下几点：

（1）余氯

余氯是存在于二次供水的普遍现象，余氯主要指的是水在经过加氯处理之后，水中会存留一部分有效氯。水箱的管理不善更容易造成出水余氯过高或过低。余氯过高或过低都有可能造成安全隐患，有时会影响水的感观。

（2）微生物

水中病毒超出国家规定标准等问题都属于微生物问题，水中微生物超标甚至会导致水中滋生出大量细菌，水质遭到破坏。曾经在对南京市二次供水样本进行检查时发现，水中细菌与病毒含量严重超过国家相关标准是由于供水设施受到破坏与感染，使得细菌大量滋生，人们在饮用此类水时会造成肠胃出现感染等问题。而水中微生物超标的主要原因是水中余氯衰减过度造成的。

（3）红虫类

红虫类主要是指摇蚊的幼虫，在潮湿的环境下容易大量繁殖，严重影响供水和用水。通过对各地二次供水投诉进行调查发现，大多数投诉都是因为二次供水中含有大量红虫，而红虫的产生原因主要是储水设备管理不当。

（4）黄水、异味

直饮水与二次供水中出现黄水、水质不清澈现象，主要是由于水中的铁等微量元素超标，导致供水出现变色现象。铁元素超标主要是由于水管在长期使用过程中出现生锈现象，影响水质。异味主要是由于前期对储存水量等设计不当，未达到储水要求，后期管理人员对水箱与管道的管理不到位，导致大量微生物滋生形成的。

5.3.2.2 直饮水与二次供水的突发事故下应急供水措施

(1) 直饮水与二次供水应急预案编制的技术准备

直饮水与二次供水应急预案编制的技术准备内容应包括总则、组织指挥体系及职责、预警和预防机制、应急响应、后期处置、保障措施等内容，并设定完善的应急处置流程。应急预案编制完成后，由编制单位主要负责人组织有关部门和技术人员进行评审。

编制应急预案技术路线包括以下内容：

①成立应急预案编制组。

直饮水与二次供水管理单位成立由其主要负责的应急预案编制组，结合直饮水与二次供水实际情况，明确编制任务，落实工作责任。

②收集资料。

收集所管理的直饮水与二次供水设施相关建设、运行管理、水质管理、设备保养等资料及相关法律法规、技术标准、类似预案等资料。

③风险和应急能力评估。

a. 识别影响因子。识别直饮水与二次供水管理过程中可能造成事故的影响因子的影响范围和程度，预估其可能造成的严重程度，根据影响范围和严重程度，将影响因子进行分类。

b. 直饮水与二次供水风险评估。管理单位根据分质供水与二次供水设施运行状况、设备老化程度、信息化应用程度等因素，以发展成各类事故的可能性为条件，以事故后果带来的综合损失及应对事故时的处置能力为评估指标，进行分质供水与二次供水应急处置风险评估。一是主要评估各种因素引起的停水以及居民生产生活空间淹水等次生灾害发生的可能性以及影响程度；二是评估分质供水与二次供水在水质管理、设备环境、治安管理等环节可能产生的水污染、停水影响生产生活、人员生命健康受损的可能性及影响程度；三是评估安防工作隐患带来的防恐事件发生的可能性及影响程度。

c. 应急处置能力评估。从现有的预防措施、应急设施配置、物资储备、人员配备、应急供水能力、保障制度、组织能力等方面对本单位分质供水与二次供水应急处置能力进行综合评估。

d. 适用性评估。预案编制应符合并响应国家和行业现行有关标准及地方相关政策的规定。

(2) 直饮水与二次供水应急预案编制与完善

①工作原则。

及时、有序、高效、妥善处置事故、排除隐患，最大限度减少直饮水与二次供水事故可能造成的损失。

在直饮水与二次供水管理单位的统一领导和组织协调下，按照应急工作程序，有效地处置突发事件。

按照突发事件性质、程度及范围，配合相关部门进行处置。

如直饮水与二次供水水质受到污染，应根据相应的规范和要求，采取相应措施对受污染水体进行处理。

加大直饮水与二次供水的日常检查力度，严格按照要求对直饮水与二次供水进行清洗消毒，确保饮用水安全。

②应急体系。

a. 应急处置机构。

直饮水与二次供水管理单位应设立突发事故应急处置领导机构，进行任务分工，落实工作职责，明确工作流程。

b. 主要职责。

负责处理所管理的分质供水与二次供水突发事故的应急处置。

负责应急处置系统指挥、调度、信息处理、信息反馈、善后处理等。

对直饮水与二次供水突发事故的性质与严重性进行评估，及时准确报送信息，为上级单位和相关部门的决策提供依据。

严格执行上级相关部门对突发事故应急处置的安排部署。

负责应急处置情况的汇总。

配备充足的应急处置物资。

其他有关直饮水与二次供水突发事故应急处置的重要事情。

③应急处置程序。

a. 预警。

直饮水与二次供水管理单位可进行内部预警，根据事故的范围和程度可将安全事故分为常态预警和事故状态预警。

直饮水与二次供水管理单位可采取张贴公告、隔离事故区域、疏散人群等措施防止事故进一步发展。

b. 信息报告。

事故报告可快报和书面报告。紧急情况下可采用快报，随后书面正式报告，按规定程序向有关部门报告。报告应包含事故发生单位基本情况、单位负责人和联系人姓名及联系方式、事故发生部位和时间、事故简要经过及现场情况、事故已造成或者可能造成的损失、已经采取的措施及现场控制情况，及时续报事故处置进展情况和可能产生的次生衍生事件及当前状态等情况。

c. 先期处置。

发生直饮水与二次供水突发事故时，事故单位要在确保安全的前提下，采取以下先期处置措施，尽可能减少损失。

取事故水样检测，进行初步研判。

做停止供水的各项准备工作（人员、物资等协调工作）。

做好直饮水与二次供水应急设备的调运工作，保障群众用水。

向有关部门联系，通报水质突发事件情况，告知做好相应准备工作。

④保障措施。

建立健全饮用水污染事件监测、预测、预警系统，对突发事件做到早发现、早报告、早处置。

加强对分质供水与二次供水设施的日常检查力度，保障水泵房加锁，水箱、水池加盖加锁，日常管理工作到位。

建立应急处置成员通讯录，并及时更新，以满足应急联络及信息传递需要。

直饮水与二次供水管理单位应建立后勤保障制度，为参与应急处置的人员提供足够的后勤保障。

⑤后期处置。

尽快消除事故带来影响，妥善安置和慰问受影响人员，保证社会稳定，尽快恢复正常秩序。

应急处置结束后，接受相关部门的监督检查。积极配合事故调查、分析、处理和评估等工作。

⑥应急处置评估与总结。

应当从事故中总结经验、吸取教训，完善管理措施，积极整改，确保后续供水安全。

应对事故的基本情况、应急预案执行情况、应急响应措施及实施情况、信息公开与舆情应对情况进行梳理分析，总结经验教训。

(3) 分质供水与二次供水应急预案管理

①应急预案的培训。

培训工作应结合实际，采取多种形式，上岗培训和常规性、定期与不定期相结合，建立培训档案。

培训工作应认真规范，做好人员的应急救援知识和专业技能的培训，提高应对事故的能力。对分质供水与二次供水管理人员进行安全和管理法规的培训，确保责任意识到位，制度执行到位。

②演练。

直饮水与二次供水管理单位应根据工作安排和业务需求，组织内部分质供水与二次供水应急预案演练。可邀请有关部门、业主委员会和住户参与。演练结束后，要总结经验、不断改进和完善事故防范措施和应急预案。

③预案修订。

直饮水与二次供水单位可根据法律法规及上位预案的变化、单位应急体系的调整、应急资源和处置能力的变化、应急处置或预案演练情况对预案进行修订。

第 6 章

健康饮水产业与社会生态和绿色发展的关系

从定义上来看，健康饮水产业是隶属于食品工业和制造业的子产业，但其与人们生活联系之紧密、对社会生态影响之巨大是其他相关子产业不能媲美的。另外，绿色发展是健康饮水产业做大做强的必由之路。只有坚持绿色、健康、可持续的发展思路，才能使产业的发展方向与国家战略的方向一致。

6.1 健康饮水产业与社会生态的关系

党的十九大报告指出，中国特色社会主义进入新时代，我国社会主要矛盾已经转化为人民日益增长的美好生活需要和不平衡不充分的发展之间的矛盾。随着我国民众生活水平的不断提高，消费水平的不断提升，以及对健康关注度的不断提升，人民群众对饮水的需求已经从安全层面上升到了健康层面。面对如此大的市场需求，中国健康饮水产业蓬勃发展，其产品范围可大致分为包装水、管道直饮水和家（商）用净水设备。从超市货架上随处可见的瓶装水到供应整个城市管道直饮水，从小巧便捷的家用净水器到为学校、医院提供高品质饮用水的大型净水设备，健康饮水产品深入人民群众生活的方方面面，庞大的市场需求使得健康饮水行业在可见的未来将持续增长，其相关的产品普及率也将持续提升。根据国务院发展研究中心市场经济研究所预测："十四五"末全国健康饮水产业相关设备市场普及率将达到20%～30%，而年增长率仍能保持30%左右。蓬勃发展的健康饮水行业，同时也带动相关行业的发展，如餐饮行业、膜材料行业以及不锈钢等相关行业。值得注意的是，健康饮水产业作为源头产业，一旦出现质量安全问题，由于其产业特殊性和人民日常生活的紧密性，造成的负面影响不仅局限于市场内，对社会生态造成的负面影响巨大且持久。同时社会生态也会对健康饮水产业造成影响，最明显的就是近年来新冠疫情的影响使健康水产业必须适应疫情下的市场，人们需求产生改变，健康饮水的发展方向也随之改变。

6.1.1 健康饮水产业对社会生态的影响

我国始终高度重视饮用水安全保障工作。在《国务院办公厅关于加强饮用水安全保障的通知》中，明确指出了饮用水安全的重要性和紧迫性，强调了饮用水安全监督管理，建立健全水资源战略储备体系，规划建设城市备用水源，形成有效的预警和应急救援机制的必要性。《水污染防治行动计划》（简称"水十条"）针对饮用水安全保障工作提出了具体的行动计划，责任主体更加明确并且每一项举措均明确了牵头、参与和落实部门，注重从源头上减少排放，行动计划直指当前影响公众健康的突出问题和长期得不到解决的棘手问题，如黑臭河道整治、农业面源污染、管网配套建设等。由于健康饮水产业与人民群众的日常生活紧密相连，健康饮水产业倘若发生质量安全问题，首先会对人民群众的身体健康造成负面影响，占用社会医疗资源；其次是消费者和市场对相关行业与产品失去信心，致使行业萎缩、停摆，对社会生态的影响是极其恶劣且长远的。2012年初，南通市市民受到水污染传言影响，大量抢购各类矿泉水、包装水，导致整个市区的超市内各品牌矿泉水被抢购一空。该事件的发生使得群众出于对饮用水安全的担忧而放弃方便易得的自来水，日常生活受到严重影响；短时间内大量的抢购使得原本稳定的包装水供应链遭到破坏，真正对包装水有需求的消费者无法获得相应产品；购买包装水的额外开销也对群众的消费状况造成负面影响，为了能够确保饮水需求，降低了其他消费欲望。健康安全饮水是人类生存的第一需求，倘若饮用水的质量安全问题不能得到有效、及时地解决，使得负面影响持续发酵，很可能陷入恶性循环。

6.1.1.1 包装水

包装饮用水是饮料行业的最大品类，已成为人们生活的必需品。我国包装饮用水主要可以分为饮用天然矿泉水、饮用纯净水、饮用天然泉水、饮用天然水以及其他类饮用水。欧睿（Euromonitor）统计数据显示，2019年我国瓶装水市场规模达到了1999亿元，2014~2019年的年均复合增长率为10.08%，虽然相较2006~2014年的高增速有所回落，但仍处于两位数增长阶段。2019年，中国软饮料行业市场规模达到5786亿元（按零售口径），其中瓶装水以1999亿元的市场规模占比34.5%，成为当前软饮料品类中最大的细分品类，自2015年瓶装水超过即饮茶成为最大品类以来，瓶装水消费逐渐成为居民饮品消费的主流。由此可见，我国包装水已经深入人们生活的方方面面，与居民日常生活息息相关，其质量安全问题更是重中之重。

瓶装水、桶装水在我国绝大部分群众的认知里就是“好水”“干净水”和“安全水”。与自来水相比，包装水在价格上不占优势，但作为方便快捷的“即饮”饮用水和具有安全健康的标签，仍然受消费者青睐。但从安全和健康的角度来看，我国包装水行业仍然存在过度宣传，缺乏有效监管等问题。

6.1.1.2　家用净水机

人民群众对健康饮水日益增长的需求使得净水机的应用迅速普及。净饮器产品市场快速经历了萌芽、普及、成熟，到如今逐步遇到增长瓶颈期进入存量竞争阶段。2019年，我国家用净水器的用户突破了1.5亿用户，但家庭净水机拥有率却只有10%左右，与美国、日本等国家以及中国台湾地区的家用净水器普及率已经超过70%相比，我国净水器产业市场仍有很大的发展空间。

家用净水器最大的竞争力在于安全和健康保障，但伴随着净水器市场的不断扩大，一些净水器产品因质量问题接连被曝光的案例也不在少数。如一些劣质净水器存在滤芯更换昂贵、售后服务不完善、产品废水率高等诸多负面问题，将直接导致品牌净水器销量萎靡。基于近几年中国净水器市场的零售额增速以及市场发展现状来看，净水器的未来发展离不开功能创新，复合化趋势将引领功能升级、净水需求的深化（如口感提升、美肤养颜）与饮水场景的拓展（如喝茶、喝咖啡、喝气泡水、喝矿物质水）。除此之外，净饮水产品也需要逐步从厨卫外延至全屋，从多个单点净水产品升级为全屋健康水解决方案。如在“智能家”中，消费者可以实现多维度数据监测（如全屋用水、水质健康、个人饮水、滤芯寿命等）和产品智能化使用与操控（如个性模式、远程操控、智能安全等）。

6.1.1.3 管道直饮水

我国管道直饮水产业起步较晚，市场竞争力较弱，但从城市整体发展角度看，直饮水项目是所有健康饮水产品中最有发展潜力的。直饮水项目建设不但能够提升城市供水品质，满足群众对于高品质水的需求，更是对水资源科学合理的有效利用，符合习近平总书记提出的“节水优先”方针。

相较于其他健康饮水产品，管道直饮水产品的服务面广，覆盖面积以城市为单位，供应人群以万为计数，其在生产、运输过程中产生任何微小的质量安全问题，都可能造成恶劣的社会影响，容易在社会层面引发连锁效应。

保证直饮水的安全是一个庞大且复杂的课题，从水源到水厂到供水管网再到终端用户，建立“十三五”规划中提出的“从源头到龙头”的饮用水安全保障体系是十分有必要的。在水源地保护方面，我国相关的法律法规越发严格与详细，“水十条”等法规的提出更表明了政府打算从源头解决水污染问题的决心。但仅靠法律法规的严格约束远远不够。国内仍有97%以上的自来水厂用传统的混凝、沉淀、过滤、加氯消毒四步法工艺。从历史角度来看，这四步工序是百年前英国为应对泰晤士河的水质浑浊与生物污染而发明的，这一传统水处理工艺在解决饮用水的浊度及微生物污染等方面卓有成效，但难以应对现阶段水体中可能存在的各类新污染物如个人护理产品及抗生素等。而我国绝大部分水厂的水处理技术还没有根据时代变化而更新换代，新建水厂对于各类先进水处理技术（如基于紫外线的高级氧化工艺）也没有积极尝试。最后，我国的供水基础设施尤其是供水管网初步进入高龄服役期。到2035年，现有约50万千米供水管网中有65%的服役时间将超过30年。其主要表现为管路腐蚀日益严重，输配能力降低，漏损、能耗增加，导致水质与供水保障难度增大。

归根结底，管道直饮水是我国各大城市发展的未来，如果人民群众连自家水龙头出水的质量安全都不能相信，那还能去哪里寻找健康安全的饮用水？管道直饮水的普及率逐步增加的同时，相应水处理技术与水相关基础设施升级也需要同步，相关法律法规及补救措施应准备齐全。

6.1.2 健康饮水产业与各行业的联系

健康饮水产业的蓬勃发展可有效刺激与之相关的行业。健康饮水产业与餐饮业、材料制造和研发产业以及水处理技术研发等产业相互支撑，互相带动发展。

6.1.2.1 餐饮与医疗保健

餐饮与食品行业是最容易与健康水产业互动的行业之一。茶文化在我国源远流长，“好茶配好水，茗茶配名泉”被大家所熟知。与之类似的还有咖啡行业，高端餐饮业。这些需求有效刺激了健康饮水产业的发展。随着人们对饮用水的要求提高，许多企业与品牌都在开始尝试拓展新领域。消费需求拉动国内健康饮水产业市场，涌现了一批以5100西藏冰川矿泉水和昆仑山天然矿泉水为代表的国内高端矿泉水品牌和以碧水源为代表的能适量保留水中天然矿物质的净水器品牌。随着消费者对健康的重视程度与日俱增，健康高品质成为主要追求，高端矿泉水正以其纯净、无糖、低热量和有益矿物质与元素含量丰富成为人们首选饮品之一，符合人们对健康饮用水的要求。

6.1.2.2 原材料与相关制造业

2021年12月以来，国家密集出台地下管网、水利工程建设的相关政策，鼓励管道直饮水的发展，国家水网、地下管网有望成为基建发力的重点方向之一，带动管材需求大幅增长。金属管材是城市供水系统中最常见的管材，在历年新增城市公共供水管道铺设长度中，球墨铸铁占比平均在50%左右，且正在逐步替代钢管、灰铸铁管。2013年，我国公共供水管道中球墨铸管占比33.85%，灰铸铁管占比18.43%，塑料管占比30.65%，钢管占比9.81%，预应力钢筒混凝土管占比5.88%，水泥管占比1.37%。而在其他发达国家，如日本球墨铸管所占比例高达93%，显示其潜在需求空间较大。

6.1.2.3 膜材料

与传统的净水处理技术相比，膜技术具有不产生污泥、操作简单、节能环保、净水效率高且成本投入较低的特点。通过微滤和超滤技术可以去除水中的悬浮颗粒、细菌和一些病毒，通过纳滤技术可以截留一些离子和有机污染物，膜技术在水处理中被广泛应用。膜技术可与传统净水处理技术进行结合，将膜技术作为水的深度处理工艺，最大限度地减少水资源中的有害物质。膜技术虽然存在诸多优点，但使用成本也较其他净水处理技术偏高，随着技术的进步应逐步实现膜材料的多次重复使用，降低使用成本。因此我们要对膜材料的制造工艺足够的重视，要以国内外膜材料的先进制造方法为参考，加强膜材料的研究，结合国内的具体情况进行改善，最大程度发挥膜材料的技术优势。

6.2 健康饮水产业与绿色发展

6.2.1 包装水

6.2.1.1 包装水产业中的环保问题

瓶装水的塑料瓶源自石化原料，瓶装水消耗得越多，石油资源的消耗也越大，温室气体的排放量也就越大。当前最为常见的饮水方式包括购买瓶装水、桶装水、安装净水器和使用直饮水，相比而言，瓶装水在经济性、便捷性等方面优势明显，但是最易被忽略的是其环保性。

根据《中国软饮料行业产销需求与投资预测分析报告》数据显示，2018 年我国瓶装水人均消费量为 32.1 升，总量接近 450 亿升，按平均包装规格 500 毫升来测算，相当于产生了 900 亿个瓶子包装，而这一惊人数字仍在逐年攀升。瓶装水包装的常用材料是聚酯（PET）、聚乙烯（PE）、聚丙烯（PP）等塑料制品，而塑料不能被自然环境中的微生物降解。据生态环境部统计，我国废旧塑料回收利用率仅有 30% 左右，全球更是只有不到 10%，另外 12% 被焚烧，超过 70% 被丢弃到土壤和海洋中，产生大量“白色污染”。桶装水在包装材料浪费方面相对好一些，因为大部分桶装水企业会对水桶进行回收消毒再利用。

6.2.1.2 包装水产业与绿色发展

考虑到中国包装水产业的规模，以及其难以替代的便捷性，建议瓶装水产业使用更环保的包装，如从塑料包装逐渐转为纸质包装。以纸质包装为例，2006 年全球领先的食品加工和包装方案解决供应商 TetraPak 受德国工业协会委托，一项以饮用后牛奶包装盒为研究对象，基于采用 UBA 研究同样的生命周期评估方法和标准的研究表明，与一次性塑料瓶相比，纸包装在碳足迹以及其他环境生态影响上更具有优势。同理，瓶装水企业可以通过使用更为绿色环保的包装来减轻对环境的污染。除此之外，应加强对塑料包装饮用水瓶的回收利用。同时在社会层面大力促进管道直饮水的发展与建设，在公共场所设立公共饮水设施，鼓励人们使用公共饮水，减少人们对瓶装水的依赖。

6.2.2 家用净水器

6.2.2.1 家用净水器产业中的环保问题

家用净水器往往存在水资源浪费现象，尤其是应用反渗透技术制水造成的水资源浪费是十分惊人的。经市场调查，在各类家用净水器中反渗透（RO）净水器最受用户欢迎。其畅销原因在于这类净水器对水中有害物质的去除率最高，但人们往往却忽略了其净化成本高，净水产出少和产出更多废水的潜在问题。《净水机水效限定值及水效等级》（GB34914－2021）规定净水机净水产水率最低要求为 45% 且额定总净水量≥2000L（即三级水效），净水产水率≥65% 且额定总净水量≥4000L 为一级水效，这说明即使是选择市场上最贵的一级水效反渗透净水机，也会有35%的水资源浪费。其次就是滤芯的一次性利用问题，家用净水器的滤芯寿命较短，常常是数月一换甚至一月一换，换掉的滤芯往往被直接丢弃，没有相应的回收处理措施，造成环境污染隐患。

6.2.2.2　家用净水器产业与绿色发展

家用净水器产生的“废水”并非常规定义上有毒有害废水，虽然不能被饮用但是仍可以被有效回收利用，如用于冲厕、室内清洁等。一是家用净水器产业在设计产品时应考虑到绿色环保、节能节水，可以考虑在产品设计中加上废水回收功能，如废水储存罐、废水出水阀，让用户可以对废水进行二次利用，减少水资源浪费。二是建立专业的滤芯回收机制，我国的垃圾分类措施对于滤芯外壳、内部填充物成分与结构复杂的废弃物较为无力。可考虑参考新能源电瓶车的回收机制，从政策与资金方面鼓励企业对自家产品滤芯进行回收，进行更专业的处理，减少浪费和环境污染。

6.2.3　管道直饮水

6.2.3.1　管道直饮水产业中的环保问题

管道直饮水产业的发展与城市供水管网息息相关，高效、安全成熟的城市供水管网是管道直饮水产业的发展基石。但是，在我国基础供水设施中，供水管网服役年龄普遍较高，其中管道老化、漏损现象较为严重。根据联合国粮食和农业组织（FAO）的数据与沃德（David）对城市用水循环的统计与预估，在城市供水中，有接近10%～40%的损失是基于管道老化与泄漏。在我国，城市供水管网漏损率达15%以上，而在少数欠发达的偏远地区，漏损率甚至可达到70%以上，供水管网漏损对水资源的浪费是巨大的。据统计，我国全年因管网漏损而导致的水资源浪费接近于南水北调工程一年的调水量，2014年城镇供水协会调查表明，因供水管网漏损导致的年损失水量超过60亿立方米。城市管网漏损现象带来的不仅仅是水资源的浪费，更有可能因为管路老化腐蚀，导致管路内化学涂层脱落、管路材料碎片进入自来水中，或由于泄漏导致外界污染物渗入管路内，造成饮用水的二次污染问题。

我国的水处理设施，如净水厂也存在尚待改进的环保问题。以水泵为例，作为水厂耗能最高的设备，净水厂取水泵站水泵的设计扬程通常是综合考虑了枯水期最低水位和最高日用水量而确定的，但枯水期一般在冬季，用水量最高时节一般发生在夏季，这两种情况大概率不会同时出现，因此水泵往往从选型上就与实际不相匹配，导致水厂总体能耗居高不下。在净水工艺方面，绝大部分水厂使用混凝、沉淀、过滤、消毒四步工艺。其中混凝与消毒步骤在药物投加这方面往往会出现过量投加的情况，可能导致生成消毒副产物或对饮用水造成二次污染，需要后续处理去除这些有害物质，造成更多的资源浪费。沉淀池的排泥设施较为落后，少数老旧水厂没有污泥回收处理设施，导致大量污泥排出并需要通过掩埋处理。

6.2.3.2 管道直饮水产业与绿色发展

在控制管道漏损方面，应及时做到供水管路的升级与更换、管网漏损的探测与修复以及确保相关技术与技术人员到位。同时，应筛选相似城区规模、发展水平、环境条件相当的城市，通过深度的案例学习借鉴相关经验。以日本为例，城市供水管网平均漏损率常年处于10%以下，处于国际领先地位，重要城市如东京的管网漏损率更是控制在了3.7%，东京的城市规模、发展水平以及人口密度与我国的特大城市相当，其在供水管网管理的经验值得借鉴。当然，我国对管网漏损问题也十分重视。“水十条”中明确规定，到2017年全国公共供水管网漏损率控制在12%以内；到2020年控制在10%以内。近年来国内各大城市在控制供水管网漏损方面也尝试了各类管理、维护、升级措施，颇有成效。2021年绍兴市全市供水管网漏损率连续多年保持在10%以内，其中越城区保持在5%左右，接近国际领先水平。北京市2020年市区供水管网漏损率为9.93%，作为特大型城市，北京在管网翻新施工、分区计量管理和漏损检测管理上操作难度较大，在漏损率控制上仍有进步空间。

在水处理设施方面，应优先考虑水泵的节能改造。如通过应用变频调速技术，改变其运行工况点，使水泵始终运行于高效区间内，且运行工况与管网实际所需一致。同时对现有设备进行升级与更换，如合理布置进出水管道减少水头损失，通过维护轴承和填料降低水泵的机械损失，通过抛光喷涂叶轮和泵壳内表面降低水泵的摩擦损失，通过调整联轴器降低水泵机组的传动损失，科学调度优化泵组搭配等。在净水工艺方面，沉淀池应广泛应用泥位计使排泥更加合理化，同时配有可靠的污泥循环系统，如底泥循环回流系统，在减少排泥量的同时，还可以改善前端反应条件（针对低浊原水）。在投药方面，除根据当地原水水质通过试验测试确定最佳投量外，还可以采用合理设置投加点，配合智能投药系统，保证合理投放。新建水厂应考虑采用更为先进高效的净水工艺，如基于紫外线与双氧水的高级氧化工艺，其特点在于高效环保，并且无须任何催化剂、添加剂，不会造成二次污染。

6.3 健康饮水产业全生命周期评价

生命周期评价（life cycle assessment，LCA）是一种环境管理工具，用于描述和量化与产品或系统在其整个生命周期（从原材料到废弃产品处理）相关的环境负担。完整产品生命周期的各个阶段包括原材料提取、材料生产、制造、分销、使用和报废。LCA 涉及量化每个生命周期阶段的所有能源和材料输入以及由此产生的输出（例如排放、固体废物）。

生命周期评价可以用于比较各自产品的环境影响，比较各类原材料和物质造成的环境影响，提供用于环境报告和认证的支持。在产业方面，健康饮水产业全生命周期评价可以为市场与消费者提供判断产品是否健康环保的依据，为市场创造一个可持续发展的产品线。

6.3.1 包装水

6.3.1.1 瓶装水生命周期评价

瓶装水生命周期见图 6－1。

由图 6－1 可知，瓶装水的生命周期影响因素主要为：一次性瓶的材料成分、一次性塑料瓶的报废处理，以及瓶装水运输与分布的模式和距离。

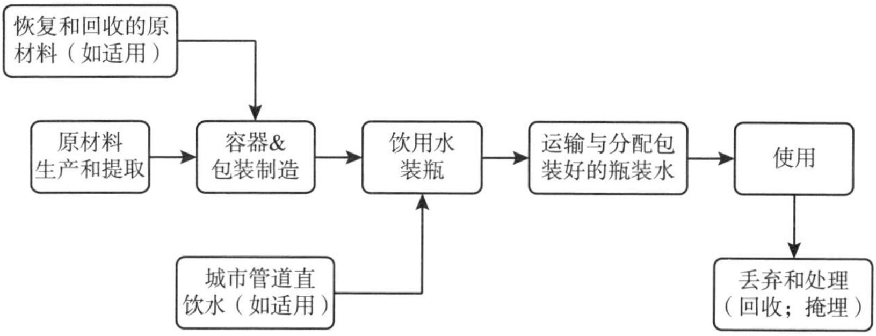

图6－1 瓶装水生命周期示意

主容器（500毫升瓶）的材料成分对一次性瓶装水生命周期中的生产能耗和温室气体排放有重要影响。绝大多数瓶装水使用聚乙烯对苯二甲酸酯（PET）为原材料，容器生产（材料生产和容器制造）产生的能耗占生命周期能源的75%。而使用可回收PET（rPET，其中25%的材料可回收）可将容器生产能耗降低14%，整体生命周期内能耗降低10%。rPET材料的使用可将因容器生产排放的温室气体减少11%，整体生命周期内温室气体减少10%。使用聚乳酸（PLA）为瓶装容器的材料可进一步减少能耗和温室气体排放。整体来说，相对于使用PET的容器，生产PLA瓶装容器时可减少10%的能耗，整体生命周期能耗减少8%。但PLA瓶装容器对温室气体排放量的减少幅度是巨大的，PLA的使用减少了73%的容器生产排放量，整体生命周期排放量减少45%。值得一提的是，PLA在进行掩埋处理时可能会产生甲烷。关于掩埋可生物降解聚合物相关的温室气体排放问题，需要进一步的研究与调查。

一次性瓶子的报废处理对生命周期内的固体废物产出有相当大的影响。报废、处理是固体废物（瓶子、瓶盖、二次包装）的消费后部分，占生命周期固体废物的56%～86%。通过回收利用一次性瓶装容器，报废固体废物最高可减少 70%。

瓶装水的运输与分布可能是整体生命周期最大的影响因素。以美国为例，根据现有的分布模式，根据运输距离的不同，其能耗可占用瓶装水生命周期能耗的 12% ~51%。如果运输模式从区域分布转为国际分布，因运输所导致的能耗会显著增加，最高可增加 360%，整体生命周期中运输的能耗从 12% 上升至 41%。值得一提的是，由于海运货轮的运输效率远高于陆运，少数情况下因瓶装水的国际运输导致的能耗会小于区域内运输。然而海运货轮往往无法直接将商品运往目的地，在码头卸货后仍然需要货车等运输工具转运，导致总能耗大大增加，在这种情况下，瓶装水的运输与分配将取代包装生产成为瓶装水生命周期内最大的能耗因素。

6.3.1.2　桶装水生命周期评价

桶装水生命周期（如图 6－2 所示）表示通过家庭和办公室送货，供应商将饮用水装在 5 加仑的水桶中运送给消费者，考虑到部分社区采用二次供水直饮水的方式，用户是通过使用可重复使用的水桶来获取饮用水。

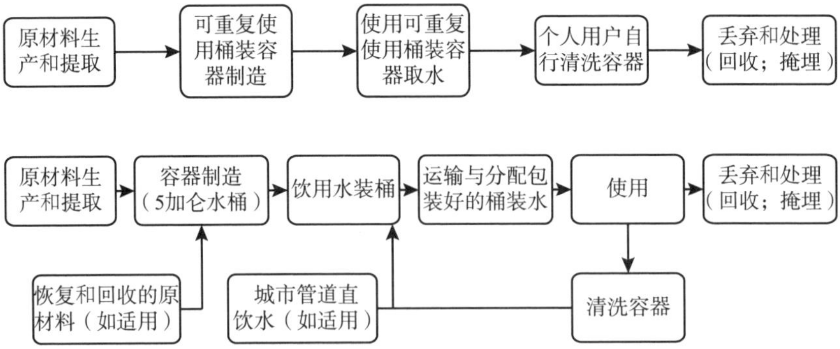

图 6－2　桶装水生命周期示意

决定桶装容器的生命周期的关键因素有：可重复使用的桶装容器的清洗、桶装水的水源、桶装容器的材料成分、容器的报废与处理，以及运输分布距离。

通常情况下，清洗可重复使用的桶装容器是整体生命周期的最大影响因素。以假设可重复使用的饮水器皿每使用四次就会清洗一次为例。对整体生命周期而言，清洗容器导致的能耗的占比为32%～46%，产生的固体废物的占比为39.1%～61.4%，温室气体排放量占比为30.4%～45.5%。当然，当消费者选择多洗或少洗饮水器皿时也对生命周期产生重大影响。桶装水的水源也是影响生命周期的一个因素。与泉水相比，使用城市自来水为水源会导致所有类别的生命周期影响因素增加。

大多数桶装容器使用聚碳酸酯（PC）作为容器材料，其优势在于它的耐用性，以及重复使用带来的长期环保效益。相比于PET材料，即使使用PC为原材料制造桶装容器会消耗更多的能源、排放更多温室气体和产生更多固体废物。然而，由于其可重复使用的性质，使PC桶装容器在能源使用和温室气体排放方面成为更好的选择。

桶装容器的报废处理对生命周期固体废物产出具有重大影响，尤其是对报废固体废物（消费后固体废物）。可靠合理的桶装容器回收机制可以将生命周期内固体废物排放占比从24%（通过掩埋处理）最多降至0%（合理回收、处理、再利用）。

配送距离也是影响桶装水生命周期的关键因素，尤其是在能源使用和温室气体排放方面。随着单向配送距离从10英里（约16千米）增加到20英里（约32千米），配送能量占生命周期能量的比例将从11.5%上升到20.6%。关于温室气体排放，距离的增加导致运输相关排放从 14.5% 上升到 25.3%。在此基础上，应优化送货路线，以尽量减少到任何一个消费者家庭的配送距离，从而减少运输对桶装水整体生命周期影响。

6.3.2 家用（商用）净水器

市场上现有净水器种类繁多，工作原理也不尽相同，根据市场调查，RO 净水器的购买率最高，关于净水器的生命周期评价仅以 RO 类净水器为例。

图 6-3 为反渗透净水器的全生命周期示意。相较传统处理方式和直饮水，RO 净水器需要大量能量产生压力迫使水源通过反渗透膜。RO 净水器生命周期内会对环境产生更大的影响，商用 RO 净水器（或采用反渗透技术的水处理厂）的影响几乎是家庭 RO 净水器的两倍。与仅处理饮用水或烹饪水的家用反渗透设备相比，它们在更高的压力下工作，每立方米水需要更多的能量，能源消耗占所有指标总影响的 95%。在整体生命周期中，最大影响因素是净水器主机和消耗品（滤芯）的原材料和制造，占总能耗与温室气体排放量的 44%。其中净化过程中使用的电力占比约为 36%，最后消耗的自来水占比 16%。其中自来水相对较高的贡献源于这样一个事实，大部分 RO 设备需要 4 升自来水才能提供 1 升纯净水，水效高的 RO 设备价格高昂，购买率较低，故不包含在生命周期评价数据内。提高反渗透系统的效率和减少过滤过程中的废水产出是减少 RO 净水器生命周期内对环境影响的有效手段。

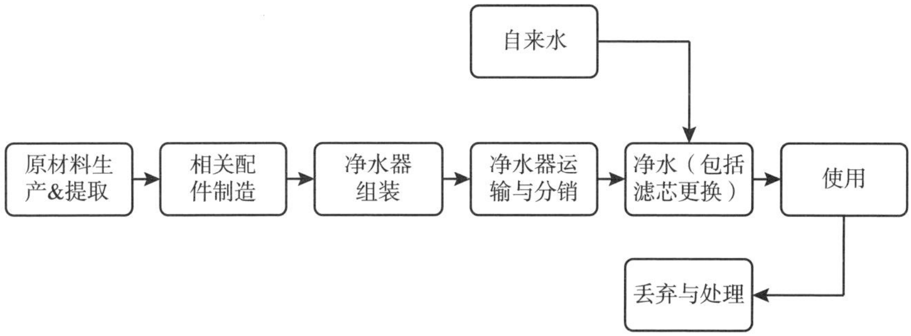

图 6－3　反渗透净水器全生命周期示意

6.3.3　直饮水

图 6－4 表示通过家用水龙头的市政供水系统向消费者输送饮用水。大部分家庭中，饮用水是通过使用可重复使用的饮用容器（不锈钢瓶、玻璃杯）来消耗的。

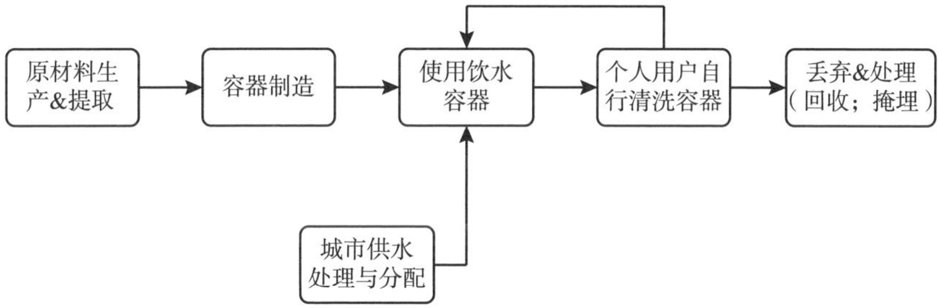

图 6－4　直饮水生命周期示意

决定直饮水生命周期的关键因素是可重复使用的饮用容器的清洗。以假设可重复使用的饮用容器每使用 4 次后清洗一次为例，洗涤占能源使用量、固体废物和温室气体排放量的 87% 以上，占用水量的 100%。可重复使用的饮用容器材料与尺寸同样对直饮水的生命周期有影响，但影响较小。然而，对容器生命周期影响的比较表明，金属瓶在能源使用和温室气体排放方面要密集得多。就固体废物而言，玻璃杯在整个生命周期中产生的固体废物量几乎是金属瓶的两倍。

在所有生命周期影响类别中，管道直饮水系统的性能远远优于一次性瓶装水和桶装水，同类对比调查中，整体生命周期能耗、固体废物与温室气体排放至少减少45.1%，最高可达96.9%。

第 7 章

“十四五”到 2035 年中国健康饮水产业发展思路

“十四五”到 2035 年，我国健康饮水产业应以高端化、韧性化、现代化的高质量发展为目标，牢固树立“健康先行、口感提升、功能迭代、时尚引领”的内涵式发展主旋律，积极推进健康水平评价体系建设，健全行业标准，调整产能结构，引导和支撑产业健康有序发展。

7.1 健康饮水与国家战略

7.1.1 战略目标

党的二十大报告提出，人民健康是民族昌盛和国家强盛的重要标志，要把保障人民健康放在优先发展的战略位置，到 2035 年建成健康中国、基本实现美丽中国目标。到 21 世纪中叶，把我国建设成为综合国力和国际影响力领先的社会主义现代化强国。维护人民根本利益，增进民生福祉，让现代化建设成果更多更公平惠及全体人民。

健康饮水是实现美丽中国、健康中国战略的重要举措，让人民群众喝上卫生、安全、健康的水，是我国健康饮水产业发展的源动力。为响应国家重大战略对健康饮水产业在职责定位、产能结构、科技创新等方面提出的新任务、新挑战和新需求，确保“十四五”到 2035 年实现中国健康饮水产业总体战略目标，即在当前饮用水安全保障技术体系日益完善的基础上，以健康先行、口感提升、功能迭代、时尚引领为健康饮水产业内涵式发展主旋律，结合水质与健康、流行病学和居民健康素养等方面的理论研究，并与物联网、大数据、人工智能、新材料、生物技术等新兴科技充分交叉融合，通过理论突破、科技创新和应用推广进一步补齐健康饮水技术短板，构建具有前瞻性的现代化健康饮水安全保障技术体系，支撑我国健康饮水产业实现现代化。

针对上述总体目标，制定三阶段实施策略：

第一阶段：到 2025 年，推进健康饮水产业技术体系和运营管理的标准化、智能化。研发水中高毒性污染物筛查和复合污染水质健康风险评价技术，建立水质细胞毒理和健康风险评价标准体系；提高健康饮水产业核心技术和产品的成熟度，以推进技术成果和产品的标准化应用为准则夯实产业基础；完善现代化企业管理制度，依托智能化管理技术平台实现企业分散运营、监管部门集中监控，规范健康饮水产业市场秩序和运营管理标准化水平。

第二阶段：到 2030 年，推进健康饮水产业经济结构调整和关键设备材料的绿色化转型。坚持经济持续健康发展方向，结合区域经济发展水平和居民健康状况，调整并优化健康饮水产业经济结构和产能布局；研发全生命周期的健康饮水产业碳排放核算方法和评估技术体系，构建企业内部碳减排行动方案和外部定期考核技术导则；淘汰高能耗、高碳排设备材料，在制水工艺低碳化转型理念引领下研发绿色、低碳和高效的关键材料设备。

第三阶段：到 2035 年，构建规范有序、低碳绿色、韧性可靠、智慧高端的健康饮水安全保障技术体系，我国健康饮水产业基本实现现代化。构建面向饮水健康风险全链条管控的“原料采购—物流运输—产品制备—市场流通—终端消费”的产业技术体系与技术规范，建成企业“实时监测—模拟评估—绿色生产—外部集中监控—预判决策”为一体的健康饮水智慧管理平台，实现健康饮水产业高端化、韧性化和现代化发展。

7.1.2 基本思路

紧紧围绕“新时代、新思想、新征程”总目标，聚焦国家科技、经济、社会、人文发展对新时期居民饮水健康保障工作提出的新需求，以“补短板、促转化、谋革新”为发展战略，在饮用水安全保障技术体系日益完善的基础上，牢固树立健康先行、口感提升、功能迭代、时尚引领的健康饮水产业内涵式发展主旋律，充分结合国内外水质与健康、流行病学和居民健康素养等方面的理论和技术研究，交叉融合物联网、大数据、人工智能、新材料、生物技术等新兴科技带来的高端增长引擎，进一步补齐健康饮水产业在绿色生产、规范运营等方面的技术短板；提高新型净水关键技术和产品的成熟度，突破在线检测仪器和控制技术等方面的“卡脖子”技术，实现关键技术和产品的国产化，促进技术成果的转化和推广应用；融合绿色生产、资源循环利用、智慧韧性管理等发展理念，重点从标准化、智能化、绿色化、韧性化、高端化五个方向，深化健康饮水产业内涵式高质量发展，构建具有前瞻性的现代化健康饮水产业技术体系，提升我国饮水健康保障管理体系和治理能力的现代化。

7.2 健康水评价体系建设

在产业规模化、规范化、现代化发展过程中，健康水的评价体系应为全方位、多视角的。评价体系的构建旨在以普惠民生为目的，在不断普及健康饮水理念的同时，强调公众对于净水、供水企业服务体系的满意度，满足人民群众对于美好生活用水的需求。评价体系的构建有利于推进健康饮水产业改革与技术创新，有利于推动"健康中国"战略目标的实现，真正做到让人民群众喝上安全水、健康水、放心水！

7.2.1 推进标准体系建设，实现高起点发展

标准体系是建设健康水评价体系的基础，推动健康饮水产业实现高起点发展，促进产业高质量匀速发展。现有与健康饮水相关的标准主要是国家标准《生活饮用水卫生标准》、地方标准《生活饮用水水质标准》以及一些关于饮用水设备、饮用天然矿泉水等相关的标准，只有2021年颁布实施的《健康直饮水水质规范》（T/SZAS32－2021）和《健康饮用水水质》（T/CAPS01－2021）两项团体标准对健康饮用水做出定义，但团体标准多由净水类行业协会、生产净水设备类企业、检验检测类企业、科研院所、检测中心以及疾病防控中心等起草编写完成，在权威

性和普适性方面仍有不足之处，存在标准匹配度不高、评价指标不明确的问题。因此还需要从国家层面出台较为专业、全面和客观的健康水水质标准，通过国家标准的宏观性引导和框架性规范，进一步推进配套标准体系建设工作，从而带动健康饮用水产业发展。

一是建立从水源情况、技术工艺、设备制造、环境保护、安全生产、质量检测等以国家标准为引导，以地方标准及企业标准相配套的、符合产业发展要求的包装饮用水标准体系、净水机直饮水标准体系和管道分质供水标准体系。健康水水质国家标准应包含多维度评价指标，同时充分考虑我国实际水源水质情况和产业工艺发展情况，进行综合评价指标和标准的制定，修订和完善现有相关健康水水质标准，并建立相应评价指标的标注检验与分析方法。

二是以国家标准为引导，以综合标准化为手段，引导包装饮用水制造商、净水机制造商、供水企业加快建立以高标准水质要求和严格产品质量要求等技术标准为主体，运营管理标准和生产经营规范相结合的企业标准体系，从生产上改进工艺、规范生产行为、全过程标准化管控，从而保证终端产品质量。

三是积极推进区域、地方标准交流、互认和更新，鼓励和引导企业采用国家标准和国际标准，同时鼓励行业协会、社会团体等组织参与包装饮用水、净水机和管道分质供水标准制定和评价。依法规范天然饮用水源地的开发利用，依法规范净水、供水企业生产经营管理行为，建立健全产品质量追溯体系，严把生产过程关、产品质量关。

7.2.2 构建多维度评价指标体系，促进评估合理性

在遵循健康水标准体系的基础上，健康水评价指标体系的构建还应遵循六大原则。首先是系统性原则，即评价指标应从不同侧面反馈出健康水的各方面指标，每个指标之间相互独立又彼此联系，从宏观到微观，从感官到毒理学和营养学等。其次是典型性原则，评价指标应具备一定的典型性，尽可能准确反映出特定区域的环境、经济、社会变化的综合特征；动态性原则，应充分考虑指标的动态变化；简明科学性原则；可比、可操作、可量化原则以及最后的综合性原则，全面考虑影响水生态环境、经济、社会系统的诸多因素，并进行综合分析和评价指标的制定。

一直以来，我国对于健康水的评价指标未能统一。评价指标的缺乏对供水企业、产水企业乃至健康水行业产生一定的影响，如对于功能性健康水的开发缺乏有效的框架性规范，易形成虚假宣传的不良影响。现有的与健康水相关的标准主要是建立在GB5749《生活饮用水水质标准》和CJ94《饮用净水水质》的基础上，具体不同标准中对于评价指标及其限值的规定见表7-1。聚焦于健康水评价指标，2021年3月实施的《健康直饮水水质规范》（T/SZAS32-2021）团体标准首次定义了健康水并明确了水质标准，设置了3项重点关注指标限值：溶解性总固体、总硬度和总有机碳TOC；增加了3项微生物指标：粪链球菌、铜绿假单胞菌和产气荚膜梭菌；调整了19项限量指标，调整后的指标均严于GB5749《生活饮用水水质标准》和CJ94《饮用净水水质》中的要求。2021年7月实施的《健康饮用水水质》

表7-1 **国内现有标准中评价指标及限值对比**

项目		饮用净水水质标准（CJ94-2005）	优质饮用净水水质标准（T/WPIA001-2017）	健康直饮水水质规范（T/SZAS32-2021）	健康饮用水水质（T/CAPS01-2021）	生活饮用水卫生标准（GB5749-2022）
		限值				
感官性指标	色	5度	5度	√	√	15度
	浑浊度	0.5NTU	0.3NTU	0.3NTU	√	1NTU
	臭和味	无异臭异味	无异臭异味	无异臭异味	√	无异臭异味
	肉眼可见物	无	无	无	√	无
一般化学指标	pH	6.0~8.5	6.0~8.5	6.0~8.5	√	6.5~8.5
	总硬度（以 $CaCO_3$ 计）	300毫克/升	200毫克/升	25~200毫克/升	20~500毫克/升	450毫克/升
	钙	/	/	√	5毫克/升*	/
	镁	/	/	√	0.5毫克/升*	/
	锶	/	/	√	0.2~10.0毫克/升	/
	碘	/	/	√	0.03~0.08毫克/升	/
	钠	/	/	√	婴儿冲奶粉水，钠≤20毫克/升	/
	氟	/	/	/	0.1~1.5毫克/升	/
	铁	0.2毫克/升	0.2毫克/升	√	√	0.3毫克/升

续表

项目		饮用净水水质标准（CJ94－2005）	优质饮用净水水质标准（T/WPIA001－2017）	健康直饮水水质规范（T/SZAS32－2021）	健康饮用水水质（T/CAPS01－2021）	生活饮用水卫生标准（GE5749－2022）
		限值				
一般化学指标	锰	0.05毫克/升	0.05毫克/升	√	√	0.1毫克/升
	铜	1.0毫克/升	√	√	0.2毫克/升	1.0毫克/升
	锌	1.0毫克/升	√	√	0.05～1.0毫克/升	1.0毫克/升
	铝	0.20毫克/升	0.05～0.2毫克/升	0.10毫克/升	√	0.20毫克/升
	挥发性酚类（以苯酚计）	0.002毫克/升	√	√	√	0.002毫克/升
	阴离子合成洗涤剂	0.20毫克/升	√	0.15毫克/升	√	0.30毫克/升
	硫酸盐	100毫克/升	100毫克/升	√	5～250毫克/升	250毫克/升
	氯化物	100毫克/升	100毫克/升	√	√	250毫克/升
	溶解性总固体	500毫克/升	400毫克/升	50～300毫克/升	50～1000毫克/升	1000毫克/升
	耗氧量（COD_{Mn}，以O_2计）	2.0毫克/升	1.5/毫克/升	√	√	2.0毫克/升
	总有机碳TOC	/	√	1.0毫克/升	√	5.0毫克/升

续表

项目		饮用净水水质标准（CJ94－2005）	优质饮用净水水质标准（T/WPIA001－2017）	健康直饮水水质规范（T/SZAS32－2021）	健康饮用水水质（T/CAPS01－2021）	生活饮用水卫生标准（GB5749－2022）
		限值				
毒理学指标	氟化物	1.0 毫克/升	√	√	√	1.0 毫克/升
	硝酸盐氮（以N计）	10 毫克/升	10 毫克/升	√	√	10 毫克/升
	砷	0.01 毫克/升	√	0.005 毫克/升	0.005 毫克/升	0.01 毫克/升
	硒	0.01 毫克/升	√	√	√	0.01 毫克/升（扩展指标）
	汞	0.001 毫克/升	√	0.0001 毫克/升	√	/
	镉	0.003 毫克/升	0.003 毫克/升	0.001 毫克/升	√	0.005 毫克/升
	铬（六价）	0.05 毫克/升	√	总铬 0.05 毫克/升	√	0.05 毫克/升
	铅	0.01 毫克/升	0.01 毫克/升	0.005 毫克/升	0.005 毫克/升	0.01 毫克/升
	银	0.05 毫克/升	√	√	√	0.05 毫克/升（扩展指标）
	氯仿	0.03 毫克/升	0.03 毫克/升	√	√	/
	四氯化碳	0.002 毫克/升	√	0.001 毫克/升	√	0.002 毫克/升（扩展指标）

续表

项目		饮用净水水质标准（CJ94－2005）	优质饮用净水水质标准（T/WPIA001－2017）	健康直饮水水质规范（T/SZAS32－2021）	健康饮用水水质（T/CAPS01－2021）	生活饮用水卫生标准（GB5749－2022）
		限值				
毒理学指标	亚氯酸盐（采用 ClO_3 消毒时测定）	0.70 毫克/升	√	√	√	0.70 毫克/升
	氯酸盐（采用 ClO_3 消毒时测定）	0.01 毫克/升	√	√	√	0.70 毫克/升
	溴酸盐（采用 O_3 消毒时测定）	0.90 毫克/升	√	√	0.01 毫克/升	0.01 毫克/升
	甲醛（采用 O_3 消毒时测定）	/	√	0.06 毫克/升	√	0.9 毫克/升
	镍	/	√	0.008 毫克/升	√	0.02 毫克/升（扩展指标）
	氰化物	/	√	0.01 毫克/升	√	0.05 毫克/升
	甲苯	/	√	0.1 毫克/升	√	0.7 毫克/升（扩展指标）

续表

项目		饮用净水水质标准（CJ94－2005）	优质饮用净水水质标准（T/WPIA001－2017）	健康直饮水水质规范（T/SZAS32－2021）	健康饮用水水质（T/CAPS01－2021）	生活饮用水卫生标准（GB5749－2022）
		限值				
毒理学指标	1，2－二氯乙烯	/	√	0.025毫克/升	√	0.05毫克/升（扩展指标）
	三氯乙烯	/	√	0.0025毫克/升	√	0.02毫克/升
	亚硝酸盐（以N计）	/	√	0.1毫克/升	√	1毫克/升
细菌学指标	细菌总数	50cfu/毫升	100cfu	√	√	100
	总大肠菌群	每100毫升水样中不得检出	每100毫升水样中不得检出	√	不应检出	不应检出
	粪大肠菌群	每100毫升水样中不得检出	每100毫升水样中不得检出	√	√	/
	大肠埃希氏菌	/	不得检出	√	√	不应检出
	粪链球菌/（CPU/250毫升）	/	/	不得检出	不应检出	/
	铜绿假单胞菌/（CPU/250毫升）	/	/	不得检出	不应检出	/

续表

项目		饮用净水水质标准（CJ94－2005）	优质饮用净水水质标准（T/WPIA001－2017）	健康直饮水水质规范（T/SZAS32－2021）	健康饮用水水质（T/CAPS01－2021）	生活饮用水卫生标准（GB5749－2022）
		限值				
细菌学指标	产气荚膜梭菌/（CPU/50 毫升）	/	√	不得检出	不应检出	不立检出
	余氯	0.01 毫克/升（管网末梢水）*	√	0.05 毫克/升	√	0.05 毫克/升（管网末梢水）*
	臭氧（采用 O_3 消毒时测定）	0.01 毫克/升（管网末梢水）*	√	√	√	0.02 毫克/升（管网末梢水）如采用气体协同消毒方式，消毒剂量及要求应满足相应要求*
	二氧化氯（采用 ClO_2 消毒时测定）	0.01 毫克/升（管网末梢水）或余氯 0.01 毫克/升（管网末梢水）*	√	√	√	0.02 毫克/升（管网末梢水）*
放射性指标	总 α 放射性/（Bq/L）	/	√	0.1	√	0.5（指导值）
	总 β 放射性/（Bq/L）	/	√	0.5	√	1（指导值）

注：带"*"的限值为该项目的检出限，实测浓度应不小于检出限；"/"表示没有该指标限值，"√"表示该指标符合《生活饮用水卫生标准》GB5749 要求。

（T/CAPS01－2021）团体标准主要对健康饮用水中的微生物元素限值和目标值、毒理学指标和微生物限量指标进行了规定，同时也对检测方法进行了规定。从现有健康水、健康直饮水团体标准的评价指标限值来看，健康水、健康直饮水无论在一般化学指标方面还是在微生物指标、毒理性指标上，其要求都较GB5749《生活饮用水水质标准》和CJ94《饮用净水水质》更为严格，尤其是《健康饮用水水质》中增加了钙、镁、锶、碘、氟等一般性化学指标限值，同时对特殊群体婴儿冲奶粉用水的钠标准作出特别限值规定。由此可见，随着健康水产业的发展，遵循系统性、典型性、动态性、科学性、综合性等多维度的评价指标的构建是必然要求。

多维度健康水评价指标体系的建设可参考由北京市水务局组织实施，由北京市市场监督管理局发布的《水生态健康评价技术规范》（DB11/T1722－2020）地方技术标准，应包括健康水评价的范围、指标、评价方法等内容。对于水源来源范围，可分为包装饮用水、净水机产水和管道直饮水三大类。对于评价指标，需包括GB5749《生活饮用水水质标准》中的微生物指标、毒理学指标、感官性状和一般化学指标、放射性指标、常规指标、扩展指标。针对健康水来源范围，在实际评价中应有侧重点，如对于包装天然泉水类健康水，应有相应的矿物质含量、微量元素含量评价指标，重点关注毒理学指标；对于功能性健康水，应有相应的营养学评价指标、微量元素含量评价指标等。对于评价方法，应依据多维度健康水评价指标建立一套饮用水健康评估方法。如对于毒理学指标，以遗传毒性、内分泌干扰物效应、致畸、致癌、免疫毒性及急性细胞毒性等为重点，构建一组以分子标记物、细胞标记物为主要测试终点的饮用水毒性效应评估的指标体系。

健康水评价指标体系可分为安全水、健康水和功能水三类，同时可分为健康层级指数、安全层级指数和功能层级指数三个层级。其中健康层级指数主要反映饮用水健康总体情况，主要包括感官性指标、一般化学指标等；安全层级指数主要反映饮用水安全总体情况，主要包括毒理学指标、微生物指标、放射性指标等；功能层级指数主要反映饮用水具体特征要素，如矿物质含量、微量元素含量、营养生理学指标等。对各层级指数内含的每一项评价指标进行赋分和权重计算，再根据三个层级指数的综合评分占比权重比例确定健康水综合评价的等级指数，如优质健康水、健康水、亚健康水等三个等级，对应的健康水综合指数分别为80~100、60~80、<60，具体见表7-2，以此实现健康水多维度评价指标体系的构建。

表7-2　　健康水健康等级特征评价

健康水健康等级	健康水综合评价指数	等级特征
优质健康水	80（含）~100	健康层级指数、安全层级指数和功能层级指数评分均为80（含）~100
健康水	60（含）~80	健康层级指数、安全层级指数和功能层级指数评分均为60（含）~80
亚健康水	<60	健康层级指数、安全层级指数和功能层级指数评分有且只有一项<60

资料来源：作者根据相关资料整理。

健康水多维度评价指标体系的构建属于标准体系的有效延伸和应用，同时也为健康水的评估和第三方检测提供了指引和检测方法，促进健康水产业不断深入改革，助力高质量发展。

7.2.3 加快第三方检测建设，统一权威性评估

党的十九大报告提出了“实现国家治理体系和治理能力现代化”的战略目标，以及“转变政府职能，深化简政放权，创新监管方式，增强政府公信力和执行力，建设人民满意的服务型政府”的战略要求。在相关政策的指引下，我国第三方评估逐渐成为改善政府绩效、促进社会发展的重要工具。与国际第三方检测市场对比，我国第三方检测行业起步较晚，国有质量检验检测机构和外资企业占市场主导，但近年来随着市场需求的不断扩大和检测市场的开放，民营检测机构占比不断扩大，国有检验检测机构市场化成必然趋势。

健康水第三方检测是评价体系建设的重点，有效促进健康饮水产业发展的良性竞争，提升产品的市场竞争力和公众信任度。市场上现有水质检验检测的机构主要由省、市、自治区以及下属市/县级行政区域设置的检测机构和代表处组成，由不同职能的政府部门投资建设并主管，为事业单位编制，主要针对内销产品从事政府强制性、垄断性的检测任务，如环保局、环境保护监测站、自来水公司水质检测中心等，其余为第三方检测机构。检测依据主要是GB5749《生活饮用水卫生标准》，提供生活饮用水检测服务，对于健康饮用水的第三方检测仍存在缺口。同时，随着健康水产业的发展，客户和消费者对于水质质量、安全和健康方面的要求越来越高，第三方检测将成为健康水产业配套产业的重要组成部分，可以有效发挥健康水水质检测、产品生产的安全监管作用。其一可以协助政府监管。基于现有水质检测主要由地方政府相关部门组织监管，在工作过程中会出现监管效率低的问

题，而第三方检测可以作为政府监管的有益补充部分，实现政府资源优化配置。其二可以加强技术合作。通过建立具备专业性、权威性和独立性的第三方检测体系，有助于强化政府检测部门与第三方检测机构之间的技术合作，促进技术交流和资源共享。其三可以有效监督政府。通过第三方检测的引入，可以有效减少因监管不力造成的水质虚报问题。

健康水第三方检测体系建设需要政府、第三方检测机构和行业协会等共同发力，政府应充分发挥政策、机制和制度引导作用，第三方检测机构应依据最新制定的健康水水质国家标准、行业标准和水质评价指标体系建立具有公信力的检测方法，出具具有权威性的第三方检测报告，助力我国健康水产业走向市场化、国际化道路！

7.3 健康饮水产业发展思路

7.3.1 健全行业标准、规范市场秩序

目前与健康饮用水水质相关的标准包括 1992 年中国人民解放军原总后勤部发布《低矿化度饮用水矿化卫生标准》（GJB1335－92），是 20 世纪 80 年代海军医学研究所营养给水研究室给水科研组丁南湖等为了改善和提高舰船、岛礁上供水的水质和水量状况做了卫生学调查，对指战员饮用海水淡化水前后的体征指标进行了比较，以成年健康军人为对象，用于指导对饮用水矿化的标准。该标准适用范围局限在“基于海、陆、空三军时常采用淡化

水（蒸馏水）、冰雪水、雨水作为饮用水的情况”。2019年中华人民共和国教育部发布《中小学膜处理饮水设备技术要求和配备规范》行业标准（JY/T 0593－2019）规定了水处理装置的技术要求，膜处理饮水设备宜采用超滤、纳滤的过滤方式，在原水污染风险较大地区可以使用反渗透方式，当原水质达标后宜更换成纳滤或超滤方式进行处理，或是学校医务室配备纯净水装置时可用反渗透方式过滤。2018年上海市发布《生活饮用水水质标准》（DB31/T1091－2018）（简称上海标准）。上海标准的制定和实施，对上海市净水工艺改造、管理水平提升和供水水质提高具有推动作用，要求在实施标准过程中不能等深度处理改造，而是要统一思想，通过加强水质精细化管理，改进工艺运行，确保地方标准的实施，改善供水水质。2020年深圳市发布《生活饮用水水质标准》（DB 4403/T60－2020，简称DB4403/T60），于2018年11月编制启动，在编制中借鉴了上海的经验。在分析原水水质特征、水质风险、水厂规划的基础上，建立了相对超前、具有引领作用的水质指标和限值体系，将饮用水水质与全球主要发达国家和组织标准接轨。《饮用净水水质标准》（CJ94－2005）的颁布与实施将有利于居民健康与分质供水工程的正常发展。今后将根据我国经济发展情况与国际水质标准的提高不断总结、修改、补充，使其既适合国情又能与国际接轨。《健康饮用水水质》（T/CAPS 01－2021）标准是以健康为核心出发点的水质标准。《饮用天然矿泉水》（GB8537－2018）是基于7项要素指标满足其一即可。综合整体情况看，就健康饮水产业的发展，标准需要健全，市场需要规范。

7.3.2 产能结构调整、全面低碳转型

我国“双碳目标”背景下势必引起健康饮水产业调整经济结构，可从制水工艺、售水产业链、降碳保障机制三个方面具体实施。

一是，开发绿色低碳的水质净化处理技术与材料设备，根本上引领制水工艺低碳化转型；针对不同的水质需求，开发低影响和高功效的药剂，在保障处理效果的同时减少药剂消耗、避免二次污染；基于信息技术，开发智能化的健康饮水供应系统，实现对各工艺环节的精准管控和优化运行，助推净水技术的节能减排。

二是，基于产业链视角探寻健康饮水产业绿色动力来源和作用机制；密切配合主要依赖于城市饮用水安全保障系统的“上游原材料供应”环节，在“中游产品制造”环节制水工艺低碳化转型的基础上，对于“下游流通”环节需优化产品流通链、推广绿色化品牌；“终端消费”环节应以创新整合需求端为核心，优化产业体系布局，联合生产企业“逆向回收”和相关政策积极支持，倡议居民绿色化饮水消费和重视耗材资源回收，推动健康饮水产业链终端的绿色发展。

三是，研发基于全生命周期的健康饮水产业碳排放核算方法，指导企业围绕“双碳目标”进行科学合理评价；构建国家层面的健康饮水产业降碳相关政策法规保障体系，规范产业有序推进碳减排行动；制定健康饮水企业低碳化生产与经营的惩罚激励政策，促进企业之间良性竞争，助推绿色化品牌建设。

7.3.3 完善评价体系、加强过程监控

建立健全健康水国家标准体系建设，有利于夯实健康水评价体系基础，推动健康饮水产业实现高起点高质量发展，充分发挥国家标准的宏观性指导和框架性规范作用，引导净水和制水企业、行业协会建立更高标准企业管理体系，促进标准间的交流、应用和落实，促进企业内部持续改进，严把质量关。

加快构建多维度健康水评价指标体系，合理制定系统、科学、综合、动态、典型的评价指标及检测方法，逐步实现国家标准、行业标准和地方标准评价指标的规范统一；完善健康水综合评价，加快制定重点健康水产业、重点健康水产品的综合评价指标体系，强化评价体系在水源保护、水源取水、生产制造、监督管理、质量管控、推广销售等方面的约束作用。

推进健康水第三方检测建设，有效协助政府发挥监管作用，优化政府资源配置，增强三方监管效力和政府监督公信力、执行力；有效加强政府、社会和企业之间的技术交流和资源共享，提升健康水理念深度和广度，助力健康水产业规范化、规模化发展；有效强化创新监管作用，为产业发展创造强有力的服务平台，助力产业发展走向市场化、国际化。

7.3.4 统筹民生需求、深化内涵发展

健康饮水产业也要坚持以人民为中心的发展思想，就是统筹做好各领域民生工作，让产业发展成果更多更公平地惠及老百姓。

统筹民生需求，需要落实共享发展理念，多渠道创造就业机

会，并倡导健康文明的生活方式。健康饮水产业是惠及千家万户的“共享工程”，需要努力营造公平公正的营商环境，让民众平等地参与产业，共享产业的优势和最新成果；在产业从业者共同努力下，使城乡的民众都能够公平地获得健康饮水。产业发展还要考虑多创造就业岗位机会，完善就业创业扶持政策，推动广大劳动群众在产业政策的支持下积极就业、大胆创业。

深化内涵发展，需要积极寻求发展健康饮水产业的内在规律、全面整合产业的各方资源、充分激发产业内企业的内生动力。首先，应当坚持因地制宜找出适合健康饮水发展的道路，对于不同地区的饮水特点设计不同的产业路线。其次，需要全面整合资源，争取政府、社区、研究、监管等部门的大力支持作为保障。再次，还需激发产业内从业者的主观能动性。不仅需要组织者和引领者转变理念、提高本领、强化担当，也需要广大群众积极响应、大力支持、倾心投入。唯有坚持深化内涵发展之路，盘活产业内外资源、激发内生动力、增强“自我造血”功能，方能让健康饮水之路越走越远。

第 8 章

“十四五”到 2035 年中国健康饮水产业发展重点任务方向

党的二十大报告指出：坚持以推动高质量发展为主题，着力提升产业链供应链韧性和安全水平。因此，健康饮水产业在“十四五”到 2035 年期间，需要在向“绿色化”“低碳化”转型的基础上，加强科学研究对产业的支撑作用，推动产业高质量发展。

8.1 健康饮水产业的高质量发展

高质量发展是构建高质量现代化经济体系的必然需求，是解决产业发展动能不足的根本之策，坚持“绿色、低碳”的发展理念是体现健康饮水产业转型升级的目标导向。一方面，中国面临的水资源短缺问题仍十分严峻；另一方面，在建设 2035 年健康中国新时期，在经济发展迈向高质量发展的转换阶段，原先高消耗的发展不可持续，各行各业都应加快推动发展转型，促进产业走向绿色可持续发展道路。具体来说，健康水产业可以从推动包装产业绿色化转型、滤芯和废水的资源化处理和直饮水低能耗输送方面着手。

8.1.1 包装产业绿色化转型

我国包装水的市场庞大，其包装以塑料瓶为主，在消费后产生了大量废旧塑料以及包装材料，且这些包装大多不属于一次性产品，具备可持续使用价值，而其回收率仅有30%左右。因此，实现可循环使用的包装的规模化应用是包装水产业绿色发展的重点方向。考虑到中国包装水产业的规模，以及其难以替代的便捷性，可以从加强绿色制造和回收利用这两点出发，应引导企业围绕绿色包装等重点领域加强科技创新，一方面从源头上生产可持续利用或可降解的包装材料，如将塑料包装替换成可降解纸质包装等；另一方面降低包装材料的回收难度，提高包装材料的重复使用率，如推行谁生产谁回收的机制，倡导消费者将使用过的洁净的包装瓶投入指定的回收点进行回收利用，在宣扬品牌企业的社会责任感和绿色理念的同时培养消费者的绿色消费意识。

8.1.2 滤芯和废水的资源化处理

净水器产业作为未来普及率不断上升且最有特色的健康水产业之一，以绿色化转型为契机的高质量发展尤为重要，尤其是滤芯和“废水”的再利用方面。针对滤芯的资源化处理，一是应建立专业的回收机制，政府应鼓励净水器厂商进行分类回收并进行专业处理，如建立以旧换新制度，避免受污染的滤芯随意丢弃后继续对生态环境造成二次污染。二是应提高滤芯循环使用效率，政府应提倡行业领军企业或标杆企业率先全面回收品牌旗下的滤芯进行统一循环利用，在提高经济效益的同时保护环境，树立品牌企业的社会责任感。“废水”为净水器净水过程产生的不能直接饮用的水，但仍具有利用价值，净水器厂商在做品牌推广时应强调“废水”的资源化利用价值，如室内清洁、浇灌冲洗等，充分保证水资源的回收利用。

8.1.3 直饮水低能耗输送

我国供水管网普遍存在漏损较为严重的情况，产生了大量的水资源浪费，这对于直饮水产业尤其是现阶段管道分质供水建设方面有重要参考意义。管道直饮水的目的在于向广大居民提供可直接饮用的，更安全更健康的水，若仍存在漏损严重的情况不但会造成水资源的浪费，更是增加了水质污染的隐患。基于此，首先应引导企业加快发展先进环保管网制造材料的研发与制造，延长管网耗材的使用寿命，有效服务于直饮水管网铺设与升级改造工程；其次应通过利用智慧化手段，实时监测管网管道输送水情况，降低漏损率，提高维护响应率，选用节能输配设备，最大程度节约能耗；最后应采用高效的净水技术，减少消毒药剂的使用，实现直饮水的低能耗绿色输送。

8.2 健康饮水产业的“双碳目标”

2020年9月，习近平总书记提出中国将争取在2030年前实现碳达峰、2060年前实现碳中和，提出和实施“双碳目标”是我国对全球气候变化治理的重要贡献。[1] "碳达峰、碳中和"不仅是我国社会经济发展的新要求，也是政府、企业和公民的共同责任。目前，我国健康饮水产业碳排放占全社会的比例尚无统计。城市水系统作为健康饮水产业的主要原料来源，被发达国家列为十大碳排放行业之一。在我国，上海市城市水系统碳排放与碳足迹总量达1581.68万吨/年，占上海全社会碳排放总量的8.2%。

8.2.1　制水工艺低碳化转型

制水工艺创新是推动健康饮水产业低碳化转型的关键，重点在于开发绿色低碳的水质净化处理技术与材料设备。要求净水工艺的节能低耗，不仅能有效处理水质净化过程中的副产物问题，而且对环境不产生二次污染，在保证环境友好的同时实现工艺设备的成本最低化和运维低碳化。可再生能源在水质净化过程中的应用，能够极大地降低处理设备的能耗，例如开发以太阳能为驱动的膜分离技术和太阳能消毒技术等。与传统加氯消毒相比，紫外线消毒技术作为物理消毒方式具有杀菌作用强、杀菌广谱性高、杀菌速度快的特点，且不会消耗化学药剂及产生副产物。基于信息技术，开发智能化的供水系统，实现对各工艺环节的精准管控，优化工艺运行，也有助于推动净水技术的节能减排。

8.2.2　全生命周期降碳保障

提出基于全生命周期的健康饮水产业碳排放核算方法，指导

① 全球能源互联网发展合作组织．中国2060年前碳中和研究报告［M］．北京：中国电力出版社，2021.

企业内外部围绕“双碳目标”进行科学合理评价。碳排放核算方法是碳排放研究中的一个基本问题，也是对碳排放进行定量分析并确定排放主体承担相应社会责任的重要基础。制定适用于健康饮水产业的全生命周期碳排放核算方法，需要重点研究三个方面的关键问题，一是全生命周期的阶段划分，二是碳排放边界的界定，三是碳排放因子的确定。健康饮水产业的全生命周期大致可分为五个阶段，分别是原材料开采、物流运输、健康饮用水生产、产品流通和终端消费。对于不同类型的健康饮水产业，其全生命周期碳排放有着不同的特点，排放阶段的划分也应有所区别，应尽可能将碳排放阶段划分清晰，这样碳排放计量遗漏会越少，最终结果也会越准确；碳排放边界的界定主要是碳排放清单的确定，是进行碳排放核算和评价的一个重要前提，还包括核算主体、核算期限这两个重要的方面；对于碳排放因子，核算人员应具体评估、选择和确定。总之，从全生命周期视角对健康饮水产业进行碳排放研究，一方面，有利于让外部人们了解该产业碳排放的源头及全过程；另一方面，更有利于企业内部人员在实践中对碳排放进行系统性和综合性的评估与治理。

构建国家层面的健康饮水产业降碳相关政策法规保障体系，重点推进以下三方面工作：一是建立指导本产业低碳化发展的政策体系。结合国家“十四五”规划，把发展低碳经济列入健康饮水产业发展规划中，研究出台低碳经济模式下产业低碳化发展的财政、税收、产业、技术政策体系。二是完善有利于本产业低碳化发展的法律法规体系。近年来，我国先后制定了《节约能源法》《清洁生产促进法》《可再生能源法》《循环经济促进法》以及《气候变化国家评估报告》等法律法规，但离创建低碳制度的立法要求还相差甚远，还必须建立和完善能源法律立法效果评价机制和执行机制，以加强对健康饮水产业低碳化发展的规范和指导。三是加强和确保本产业低碳化政策及法律法规的有效实施。保证法律法规能够得到有效实施是推进健康饮水产业低碳化发展政策法规体系建设的重要环节。政府在法律法规的实施中应起主导作用，在建立健全执法监督机制的同时，还应积极培育全民低碳意识。

制定健康饮水企业低碳化生产与经营的惩罚激励政策，促进企业之间良性竞争，具体可以从以下三方面入手：一是对发展低碳化生产经营的企业建立惩罚激励机制。二是在企业之间推行低碳标识，规模化应用低碳经济。低碳标志是一种产品的证明性商标，表明该产品不仅质量合格，而且从产品原材料的采掘到最终废弃物的处置，整个生命周期过程均符合特定的环境保护要求，对生态环境和人类健康无害。三是完善政府绿色采购制度，激励企业进行低碳化生产经营。加大政府环保产品采购的引导和示范效应，引导健康饮水企业积极从事绿色产品的生产，激励企业进行低碳化生产经营。

8.3 健康饮水产业的健康研究

加强健康研究是健康饮水产业发展的基石，目前这方面的研究非常缺乏。这是我国健康饮水产业发展的重点任务。需要依托医疗机构、大专院校、科研院所及有能力的企业加强水质与健康关系的研究。同时，需要加强与国外高水平科研院所的交流与合作，力争在水质与健康，饮水的健康风险等领域的研究上有所突破。

第9章

中国健康饮水产业创新

创新是产业发展的主引擎。习近平总书记曾指出："自主创新是企业的生命，是企业爬坡过坎，发展壮大的根本。"对于健康饮水产业，关键技术的创新和提升尤为重要。同时，秉持标准化、智能化、绿色化、韧性化、高端化的创新方向，也将成为健康饮水产业从中国走向世界的利器。

9.1 关键技术的提升

9.1.1 水处理关键技术的提升

水处理关键技术的提升是健康产业发展的动力之一。特别针对饮用水深度处理的关键技术，需要结合新材料、物联网等先进技术和理念，向国际领先水平迈进。我国在膜技术、紫外线技术等领域与先进国家有较大差距，需要加快技术革新。

9.1.2 饮用水矿化关键技术的提升

对于健康饮水产业，特别是家用净水机领域，矿化技术不可或缺。如何能够让水保留或恢复其自然属性，保持水中营养类的均衡，是纳滤技术面临的挑战。在这方面，以色列等国处于领先水平。我国需要加强矿化技术研发，补齐短板。

9.1.3 供水关键技术的提升

市政供水管网，尤其是二次供水管网的供水技术一直是人类供水的关键技术，具体包括供水工艺路线、绿色消毒技术、管网生物稳定性和化学稳定性控制技术、取水终端水质保证技术、数字化管理、智慧化管理等。

9.2 产业未来创新方向

9.2.1 标准化

开展新型净水技术及其重要设备材料科技成果评估验证，推进成熟度高技术成果和产品标准化，更新和完善安全生产保障机制、核心环节运行管理和关键设备材料产业化方面的标准、规范和指南，发展和完善健康饮水产业水安全保障的标准规范体系，推进健康饮水产业围绕水安全保障的市场标准化和规范化建设。

9.2.2　智能化

主动适应未来生产组织精细化、智慧化和便捷化的发展要求，加快物联网、互联网、芯片化感知、云计算、区块链、人工智能等新兴技术与健康饮水产业水安全保障技术的深度融合发展，研发健康饮水产业全链条水安全保障的智能技术，提升健康饮水产业内涵式发展技术迭代升级的敏锐性、灵活性和可靠性，全面推动健康饮水产业智能化升级。

9.2.3　绿色化

贯彻经济持续健康和绿色发展理念，以产业全生命周期碳排放核算与评估为抓手，落实到已有公司生产结构调整、淘汰高碳足迹材料设备、推广绿色低碳技术，以及新建公司低碳规划、建设、绿色运行和管理全过程，形成绿色生产生活方式。充分利用物联网、芯片感知、云计算、新材料等前沿科技成果，研发适用于管道分质供水的新型管材、高效检漏、高灵敏水质传感等产品设备，促进管网节能降耗。与材料科学、生物技术和化学化工融合发展，研发绿色、高效、药耗低的新型水深度净化工艺，构建包装水瓶、净水机、膜滤滤芯等废弃物的循环利用和低碳处置技术体系。

9.2.4　韧性化

强化整个产业系统面对自然灾害的预防、准备、响应及快速恢复能力。发展和完善健康饮水产业链供给侧韧性保障理论，研究基于韧性的健康饮水产业系统规划、生产运行和日常管理等全链条韧性评估技术，构建健康饮水产业系统化的韧性评估指标体系，开发管道分质供水、包装水、家用净水机等需求侧韧性使用提升技术，提出健康饮水产业全生命周期韧性保障的措施建议，全面提升健康饮水系统应对内外部冲击负荷的抗风险能力。

9.2.5 高端化

以健康先行、口感提升、功能迭代和时尚引领为健康饮水产业内涵高端化发展的主旋律，推动健康饮水产业与战略性新兴技术融合发展，汇集新一代信息技术、人工智能、生物科技、新能源、新材料、新装备、绿色环保等一批高端增长引擎。巩固基础设施服务产业主导地位，研发和推广制水、存储、输运等环节升级所需的高端材料设备。发展和完善健康饮水产业现代企业制度，促进内部管理的高端化发展。增强健康饮水产业国内循环内生动力，提升国产设备技术国际市场竞争力，构建国内国际双循环互相促进的产业高端化发展格局。

第 10 章

“十四五”到 2035 年中国健康饮水产业发展愿景

中国健康饮用水产业发展规模化增长明显，健康饮水普及率进一步提升，产业新技术不断涌现，行业将出现良性循环发展阶段，水资源进一步优化配置，健康饮水服务转型升级，产业集群将形成。“十四五”到 2035 年是中国健康饮水产业发展的重要机遇期。

10.1 健康饮水产业发展 PEST 模型

PEST 分析一般是指宏观环境的分析，宏观环境也称一般环境，在这里是指影响健康饮水产业和相关企业的各种宏观因素。对宏观环境因素作分析，健康饮水产业内企业会根据自身特点和经营需要，分析的具体内容会有差异，但一般都应对政治（political）、经济（economic）、社会（social）以及技术（technological）这 4 类影响企业的主要外部环境因素进行分析，称为 PEST 分析法。

(1) 健康饮水产业的政治环境 (political factors) 分析

健康饮水产业政治环境包括了国家针对产业的方针、政策以及标准、法律法规等。现阶段，产业标准和规定有了一定的基础。

(2) 健康饮水产业的经济环境 (economic factors) 分析

健康饮水国内外相关产业的独角兽企业异军突起，我国健康饮水产业在迅猛发展的同时也面临更大的市场竞争压力。

(3) 健康饮水产业社会文化环境 (sociocuitural factors) 分析

健康不只是个人最宝贵的财富，也是社会资产，维护健康更是一种社会责任。健康投资是回报最大的投资，把健康投资作为个人支出的重要组成部分，把健康投资作为提供公共产品、扩大内需、拉动经济发展的最直接增长点。另外，还要注重挖掘和发展水文化，水文化具有母体文化的特性，因为没有水，就没有人，也就没有文化，水是文明之源，也是文化之源，水文化渗透到所有文化的各个方面。

(4) 健康饮水产业的技术环境 (technological factors) 分析

我国持续扩大对外开放，与世界共享发展机遇的同时，也给我国健康饮水产业带来了强大的竞争对手，这要求我们的企业更要重视净水设备的应用基础研究，努力提高产品的科技含量，使企业向高新技术企业过渡。

10.2 健康饮水产业发展愿景

通过前文对产业内外部环境分析以及 PEST 分析得出健康饮

水产业应以增长型战略为主。在“十四五”到2035年中国健康饮水产业发展过程中，为实现健康饮水产业相关企业的转型升级，应积极参与城市基础设施建设等行业市场竞争，扩大市场份额，立足国内市场，向产业链上下游延伸，参与国家重大工程建设，紧跟国内大循环为主体、国内国际双循环相互促进的新发展格局，加强与相关城市水务集团的协同合作，积极开拓新的业务范围，稳步发展。

(1) 积极参与城市基础设施建设等行业竞争

目前，我国的城市群建设、国家公路网建设和城市基础设施建设正在快速发展，健康饮水产业相关企业要抓住这些机遇，积极参与市场竞争，争取各类工程建设项目，扩大市场份额。特别是管道直饮水板块，需要积极参与城市管网系统规划和建设，努力实现居民“打开水龙头就可直饮”的终极目标。

(2) 加快健康饮水产业转型升级，向产业链的上下游延伸

通常，健康饮水产业相关企业处于产业链中利润较低的环节，利润空间较小。对此，需要加快健康饮水产业相关企业转型升级，实现从单一的项目模式转变为积极承建BT、BOT、EPC等项目，打造集“调研、设计、投资、施工生产、运营”为一体的全产业链，增加企业利润。尤其是水源地原水的水质保障将是产业链延伸的重要方向。

(3) 发展混合所有制，多渠道助力产业融资

健康饮水产业普遍面临融资渠道单一，资金短缺的问题。同时，国家鼓励社会资本投入基础设施建设。健康饮水产业相关企业也需要及时抓住机遇，发展混合所有制，实行股份制，使国有资本、集体资本和非公有资本等交叉持股、相互融合，利用优质资本快速发展。

（4）加大净水设备行业人才引进力度、强化健康学理论研究

全产业均需要加大人才引进力度，完善人才培养、使用和激励机制，建设合理的人才梯队。一方面要加强产业制度的建设，培育和引进一批高级经营管理、工程项目管理、资本运营管理人才。另一方面要加强与科研院所和高校的合作，引入专业人才，开展规划和设计服务，增加业务的科技含量和利润水平，向产业的上游延伸。特别是需要加大对于人体健康与饮水水质关系的研究，加大该领域人才的引进力度，为健康饮水产业的进一步发展提供支撑。

功能水介绍

随着经济快速发展，人们不再满足于安全饮水，更希望日常饮水可以促进健康。近年来，功能水行业成为全球新兴产业之一，注重健康的消费者对功能性水产品的呼声越来越高。普通饮水通过物理或者化学方法处理，使水的性质和功能发生改变，从而使人体的生命活动和生理功能调节得到某种程度的加强，称为功能水，相应的水机称为功能水机。功能水属于无酒精饮料类别，但添加了补充成分，比如氧气、氢气、维生素、电解质等健康添加剂，可以提高人体免疫力和能量。

20 世纪 90 年代，中国开始引进功能水产品。功能水按照处理方法可以分为物理法和化学法，物理法主要利用磁场、电磁波等微弱的能量改变水分子之间以“氢键”结合的“化学键”，从而改变水分子团的大小。化学法在将水分子之间的“氢键”打断的同时，还能将水分子内部的“化学键”打断，进而使水变为弱碱性、小分子团、负电位的水。化学法在改变水分子之间的“化学键”的同时，还能将水分子内部的“化学键”打断，进而使水变为弱碱性、小分子团、负电位的水。目前国内的功能水有电解水、富氢水、磁化水及频谱水，对人体具有保健和辅助治疗作用。

电解水

常见的利用化学法制得的功能水有电解离子水，又称为电生功能水。电解水机于20世纪30年代由日本研制。1966年，日本厚生劳动省正式承认电解水生成器作为医疗器械。20世纪90年代，中国开始涉足电解水领域，我国开始对功能水进行研究，大量实验结果证明碱性离子水是一种安全并可以改善人体亚健康的新型功能水。1999年，中国保健科学技术学会功能水研究推广促进会成立，后于2005年更名为中国保健协会功能水分会。亚太国际功能水协会于2001年成立。2004年，中国食品药品监督管理局也正式批准电解水机作为Ⅱ类医疗器械接受申报。2007年，由中国保健协会牵头制定的《电解制水机CAS124－2007》协会标准正式颁布，是我国首个功能水行业的权威标准。该标准的发布规范了我国电解制水机行业，有力地推动了中国功能水行业的发展。迄今为止，电解水行业在日本、韩国、亚洲、南非、欧洲、澳大利亚、加拿大、美国等国家和地区广泛使用。

电解离子水的生产过程一般是先将普通自来水净化，然后通过正负电极，在电场作用下将水分子团打散、变小后重新排列，最后通过膜分离技术得到电解水。电解后水的氧化还原电位（oxidation reduction potential，ORP）呈正电位的是正离子水（酸性电解水），又称电解氧化水。ORP呈负电位是负离子水（碱性电解水），又称电解还原水。酸性离子水pH值一般小于7，含氧量高，有收敛和漂白作用，对细菌等微生物有瞬间杀灭效果，可以用于美容、美发和消毒。碱性离子水的保健理论主要有碱性钙离子学说和电解还原水可以消除“自由基”理论。碱性离子水呈弱碱性，pH 值一般在 8.5 ~ 9.5 之间，有利于调节体内酸碱平衡，对胃溃疡、肌肉酸疼等有一定的辅助疗效。碱性离子水的负电性有助于清除人体内新陈代谢过程中产生的自由基，提高机体的抗氧化能力。碱性离子水分子基团小，渗透性、溶解性好，有利于促进新陈代谢，提高机体免疫力的作用。碱性离子水中含有大量的矿物质和微量元素，并且以离子状态存在，利于人体吸收和生长发育。一般电解后矿物质含量相比原来增加 40% ~ 50%。在电场力作用下，矿物质如钙、镁等由原来的化合态经活化呈游离状态，大大提高肠道对矿物质的吸收，可以有效补充这些元素。因此，碱性离子水适合作为饮用水，被认为是一种具有一定保健作用的功能性饮水。

富氢水

近几年来，我国富氢水产业的发展速度明显加快。氢气是自然界中最小、最简单的分子，无色无味，生物安全性高，是一种双原子气体分子。富氢水定义为一种富含氢气的水，就是水中溶入适量氢气。富氢水最早起源于法国卢尔德，卢尔德泉水一直以其非凡的治疗功效而闻名，后被发现含有非常高的活性氢，而普通水的活性氢几乎为零。卢尔德泉水的保健功能就是因为水中含有氢气。

氢气和水是制备富氢水的主要原料。其中，制备富氢水最关键的就是制氢技术。主要制氢技术分为：水电解、高压充气及氢棒制氢。日常吸入的氧气中含有一定活性氧，活性氧具有很强的氧化性，会损伤细胞内部，许多疾病包括衰老，都是由活性氧引起的。目前有大量研究证明，氢气可以选择性地中和一些体内氧化性较强的活性氧，例如羟基自由基（–OH·）等，因此氢气被认为具有选择性抗氧化作用。氢气是最好的天然抗氧化剂之一，所以富氢水具有很强的还原能力，能中和体内血液和细胞中的活性氧。氢气体积小，本身具有较强的渗透能力，可以穿透人体任何细胞直达线粒体，去除活性氧，且不影响身体的其他正常功能。富氢水容易被人体吸收，促进新陈代谢。富氢水含有氢素电子，能防止不饱和脂肪酸和活性氧结合，生成过氧化脂质不饱和脂肪酸，从而改善高血压。同时，日本厚生劳动省已经承认部分富氢水有改善肠胃不适的功效。在我国，富氢水市场仍处于培育阶段。富氢水主要分为瓶装水和富氢水机。瓶装水市场主要被纯净水、矿泉水、天然水占据，富氢瓶装水的发展机遇较小。富氢水机作为家用电器，目前市场规模较小，但未来发展机遇较好。

磁化水和频谱水

磁化水和频谱水都是通过物理方法制造的功能水。磁化水是利用强磁场制造的功能水。当水分子通过高强磁场时，水分子之间的“氢键”键角改变，大分子团的水从而变成了小分子团的水。小分子团的水具有较强的溶解性、渗透性和乳化性，在一定程度上可以促进营养物质的吸收及代谢废物的排除。同时有助于改善血液质量、降低血脂，消除小的结石。有相关研究表明，磁化水对人体的健康有一定的功效，长期饮用磁化水可以促进机体新陈代谢，提高免疫力，保健美容等。但由于它的能量相对较弱，小分子团的数量有限，因此其功能也有限。频谱水是利用交变电场制造的功能水。当水分子通过交变电场时，水分子的结构被改变，从大分子团的水变为小分子团的水。有相关大鼠实验结果表明频谱水安全无毒，可以提高机体免疫功能。电磁波的能量与磁场的能量相近，因此它们的作用大致相似，对人体的保健功能尚需进一步研究。

功能水发展趋势

随着大众对于健康和养生意识越来越重视，人们对于高品质饮用水的呼声也越来越高，对饮用水的健康性和功能性有了更深层次的追求。饮用水从单纯的解渴需求开始向健康需求慢慢转变。根据 Innova 市场洞察显示，2012～2017 年全球功能性饮料复合年增长率高达 8%，功能瓶装水品类更是以意想不到的创新形式成功实现产品多样化并逐步获得消费者的认可。值得一提的是，新型功能水例如富含氨基酸和添加大麻二酚（CBD）的饮料在国外市场上已占有一席之地。各大饮料品牌为迅速抢占新的消费市场也动作频繁，纷纷推出不同形式的功能水。当然，也有层出不穷的新锐品牌。消费者的关注点集中在适当的营养摄入上，相对于碳酸饮料和高糖饮料，大多数消费者转而选择了更健康的饮料，包括富含维生素和矿物质的功能水。此外，在预测期内，就功能水的销售而言，在线零售渠道的增长可能高于超市和专卖店等传统分销渠道。市场研究机构 Mordor Intelligence 预计在 2022～2027 年预测期内，全球功能性水市场将实现 7.06% 的复合年增长率。功能水的发展在我国还处于初级阶段，但功能性饮用水的市场价值和潜力是巨大的。功能水对人体健康有一定的功效，但还需要通过严谨的科学手段进一步研究和证明功能水对人体的功能和原理。

水的舒适感和时尚感

随着我国经济持续发展，生活水平的不断提高，人们对于饮用水的品质提出了更高的要求。在保证饮用水安全卫生的前提下，消费者对于饮用水的诉求呈现多元化特征，人们开始注重饮用水的舒适感和时尚感。对人体具有保健和辅助治疗作用的功能水则逐步成为饮水新时尚。从最初的安全水到健康水，饮用健康舒适的水将成为时尚生活方式之一。

饮用水的口感是主要的舒适感指标。口感因人而异，具有很强的主观性。其中影响水口感的主要因素是：总溶解固体和总硬度。总溶解固体（total dissolved solids，TDS）是指水中所有矿物质，包括钙、镁、锌、铜、铬、硒等矿物质。当水里的TDS值越高，表示水中含有的溶解物越多，口感就越浓重。世界卫生组织（WHO）提出，当饮用水TDS值低于600毫克/升时，水的口感较好，而当TDS值大于1000毫克/升时，水的口感明显变差。总硬度是指水中矿物质的总含量，主要是来自钙离子和镁离子，与水的口感密切相关。水中的钙离子和镁离子有特定的味道，其中钙离子会使水产生苦味，而镁离子会使水产生涩味。因此，钙离子和镁离子的含量越大，口感越差。将水煮沸后再饮用，钙离子和镁离子的浓度会有所下降。根据世界卫生组织（WHO）的标准，水硬度（以$CaCO_3$计）在120毫克/升以下为软水，以上为硬水。水温也是决定水口感的重要因素之一，水温在13℃左右和65℃左右时被认为口感好。在保证饮用水安全健康的同时，消费者对水的舒适感和时尚感有了更深层次的追求。在消费不断升级的今天，功能性饮用水被认为对人体健康有一定的功效，逐步成为饮用水新时尚。

参考文献

[1] Martin Fox. 罗敏，周蓉译. 健康的水［M］. 北京：中国建筑工业出版社，2011.

[2] 北京易二零环境股份有限公司. 小区管道直饮水专题报告［R］. 2021（第六届）供水高峰论坛，2021－07－22.

[3] 毕爱军. 后置下向流臭氧　生物活性炭工艺深度处理工程应用［J］. 净水技术，2020，39（8）：36－43.

[4] 陈国光. 上海市《生活饮用水水质标准》制定及实施步骤与措施［J］. 给水排水，2019，55（5）：25－30.

[5] 陈皓珅，吴俊业，沈恺乐，等. 不同流向臭氧生物活性炭工艺对比分析［J］. 净水技术，2020，39（2）：57－65.

[6] 成小翔. 臭氧/紫外/复合吸附滤池组合工艺处理淮河水试验研究［D］. 济南：山东建筑大学，2014.

[7] 董秉直，孙雨卉，蒋福春，等. 预臭氧在臭氧生物活性炭深度处理工艺中的优化和协同作用［J］. 给水排水，2019，55（1）：24－30.

[8] 董文龙. 几种活性炭再生方法的比较［J］. 湖北林业科技，2012（2）：63－65.

[9] 杜飞鹏，余颖，曾艳. 纳米 TiO_2 光催化氧化技术研究进展［J］. 环境科学与技术，2004，27（2）：94－97.

[10] 冯俊凯，陶辉，陈卫，等. 不同水源下臭氧/生物活性

炭运行参数的优化 [J]. 中国给水排水，2020，36 (9)：47 – 51.

[11] 葛飞，戴友芝，罗卫玲 . TiO_2 光催化氧化技术在环保领域的研究新进展 [J]. 化工进展，2001 (12)：20 – 21.

[12] 关春雨，马军，唐升卿，等 . 剩余臭氧影响活性炭净水效能原因分析 [J]. 给水排水，2010，46 (5)：19 – 23.

[13] 国家质量监督检验检疫总局，国家标准化管理委员会 . 活性炭分类和命名：GB/T 32560 – 2016 [S]. 北京，2016 – 02 – 24.

[14] 国家市场监督管理总局，国家标准化管理委员会 . 生活饮用水卫生标准：GB5749 – 2022 [S]. 北京，2022 – 03 – 15.

[15] 韩立能，刘文君，王占生，等 . 上/下向流生物活性炭处理效果比较 [J]. 清华大学学报 (自然科学版)，2012，52 (5)：677 – 681.

[16] 何建坤 . 全球低碳化转型与中国的应对战略 [J]. 气候变化研究进展，2016，12 (5)：357 – 365.

[17] 胡军霞，海春旭 . 电解还原水的研究进展 [J]. 国外医药 (抗生素分册)，2012，33 (5)：204 – 206.

[18] 胡仲禹，周志 . 离子水——21 世纪的保健品 [J]. 江西化工，2005 (3)：28 – 30.

[19] 黄美心，邹苏红，张金松 . 臭氧 – 生物活性炭技术在我国饮用水深度处理的研究进展 [J]. 城镇供水，2021 (3)：46 – 50.

[20] 吉林省建设厅 . 吉林省城市供水系统重大事故应急预案 [EB/OL]. (2008 – 06 – 05). http：//jst. jl. gov. cn/zwgk/yjgl/yjya/t20080430_389519. htm.

[21] 江苏省净水设备制造行业协会 . 优质饮用净水水质标

准：T/WPIA001－2017［S］. 南京，2017－12－25.

［22］雷萍，孟凡花，闫韫，等. 核心城市饮用水水质目标提升的挑战与实践——深圳市《生活饮用水水质标准》解析［J］. 净水技术，2021，40（1）：1－4，27.

［23］李圭白，梁恒，白朗明，等. 绿色工艺——第三代饮用水净化工艺的发展方向［J］. 给水排水，2021，57（9）：1－5.

［24］李伟. 基于产业链视角的木地板制造企业绿色成长机制研究［D］. 北京：北京林业大学，2020.

［25］李曾婷. 热水器、净水行业承压前行，全屋用水助力产业“乘风破浪”［J］. 电器，2022（7）：56－57.

［26］梁恒，李圭白. 饮用水净化工艺的代际认知与融合［J］. 给水排水，2021，57（1）：1－3.

［27］梁晓芸，袁立懋，石同幸. 频谱水的安全性及保健作用评价［J］. 中国公共卫生，2002（4）：25－26.

［28］刘成，杨瑾涛，李聪聪，等. 生物活性炭在应用过程中的变化规律及其失效判定探讨［J］. 给水排水，2019，45（2）：9－16，21.

［29］刘卫红，李振声，白俊松. 中国环境科学学会学术年会优秀论文集［C］. 北京：中国环境科学出版社，2006：1756－1758.

［30］刘文君，王小伲，舒为群，等. 人体所需必要元素与饮水健康［J］. 给水排水，2017，43（10）：4.

［31］刘先品，李树平，王绍伟. 突发事故下应急供水分析［J］. 四川环境，2009，28（3）：109－113.

［32］刘志成. 水生态 PPP 项目全生命周期风险评估及分担研究［D］. 华北水利水电大学，2017.

[33] 陆飞. 经济日报携手京东发布数据——水饮市场健康是关键 [N]. 经济日报, 2022-08-08.

[34] 吕福胜, 钟登华. 中国水务行业发展现状与趋势 [J]. 中国给水排水, 2013, 29 (10): 12-16.

[35] 罗菊仙, 赵中一. 半导体多相光催化氧化技术在环境保护中的应用研究进展 [J]. 地球科学, 2000, 25 (5): 536-541.

[36] 米铁, 胡叶立, 余新明. 活性炭制备及其应用进展 [J]. 江汉大学学报 (自然科学版), 2013, 41 (6): 5-12.

[37] 邵益生, 杨敏. 饮用水安全保障技术导则 [M]. 北京: 中国建筑工业出版社, 2022.

[38] 深圳市标准化协会. 健康直饮水水质规范: T/SZAS32-2021 [S]. 深圳, 2021-02-25.

[39] 沈恺乐, 邓慧萍, 沈冠杰. 浙江省某水厂臭氧活性炭深度处理工艺运行效果分析 [J]. 给水排水, 2021, 47 (7): 26-31.

[40] 沈小红. 臭氧生物活性炭系统调试水质变化研究 [J]. 给水排水, 2022, 58 (1): 50-55.

[41] 舒为群. 多元化饮用水时代背景下饮水与健康关系研究的思考 [J]. 第三军医大学学报, 2017, 39 (11): 7.

[42] 舒为群. 健康饮水中国人平衡膳食的重要组成 [J]. 给水排水, 2018, 44 (8): 3.

[43] 舒为群, 赵清, 曾惠, 等. 长期饮用纯净水对机体健康影响的实验研究 [J]. 癌变·畸变·突变, 2007, 19 (3): 4.

[44] 陶涛, 信昆仑. 二次供水设施运行管理权探讨 [J]. 中国给水排水, 2013, 29 (14): 1-4.

［45］田亚丽．“净”观其变水到渠成［R］．北京奥维云网（AVC）大数据科技股份有限公司，2022.

［46］万金泉，张勇，马邕文．多相光催化氧化技术在造纸废水处理中的应用［J/OL］．中国造纸学报，2002. DOI：10. 3321/j. issn：1000－6842. 2002. 01. 029.

［47］王程，曹强，汤海涌．活性炭的应用研究进展［J］．化学与生物工程，2019，36（1）：14－17.

［48］王红娟，李忠．半导体多相光催化氧化技术［J］．现代化工，2002，22（2）：56－60.

［49］王洋．饮用水市场迎来新变化矿泉水增速超饮用天然水［N］．消费日报，2022－07－28.

［50］王占生．分质供水与《饮用净水水质标准》［J］．给水排水，2000（6）：74－75.

［51］吴震维．分质供水与二次供水水质安全与节水关键技术研究［J］．绿色环保建材，2018（7）：238，241.

［52］伍华佳．中国产业低碳化转型与战略思路［J］．社会科学，2011（8）：46－54.

［53］西南证券．2022 年饮料行业市场空间及竞争格局分析［R］．未来智库，2022－05－14.

［54］许礼清，孙吉正．百年生意新格局：瓶装水行业竞争升级［N］．中国经营报，2022－05－14.

［55］杨启彪．饮用水将进入功能水时代［J］．中国产经，2015（2）：66－75.

［56］杨文玲，王坦．臭氧催化剂催化机理及其应用研究进展［J］．应用化工，2020，49（11）：2936－2940.

［57］杨宇轩．试析活性炭的应用现状［J］．科学技术创新，

2012（6）：98.

［58］宜春市城管局．宜春市城市供水系统重大事故应急预案［EB/OL］．（2008－06－05）．http：//xxgk. yichun. gov. cn/xxgk/cgj/xxgk/gzdt/tfsj/2008－05/200805121127199841. html.

［59］尹军，张居奎，张小雨，等．功能水的若干研究进展［J］．中国资源综合利用，2009，27（3）：23－25.

［60］余祎，刘文君，董丽华，等．活性炭孔径分布对BAC运行和微生物特性影响研究［J］．给水排水，2016，52（3）：36－41.

［61］张博，王源．2022年软饮料行业研究报告［R］．兴业证券，2022－02－23.

［62］张超魁，王惠敏，王团伟．分质供水与二次供水应急预案编制技术环节的思考［J］．陕西水利，2020，238（11）：119－121.

［63］张宏康，李蔼琪，李笑颜，等．富氢水的研究进展［J］．轻工科技，2017，33（12）：12－15，18.

［64］张晓健．加强城市供水应急处理技术和应急系统建设的研究［J］．给水排水，2007，33（11）：1.

［65］张跃东．活性炭吸附法在工业废水处理中的应用［J］．煤炭与化工，2011，34（6）：74－76.

［66］赵莉，周篇篇，刘波，等．饮用水硬度对口感及人体健康的影响［J］．城镇供水，2019（5）：45－50.

［67］中国城镇供水排水协会．城镇水务系统碳核算与减排路径技术指南［M］．北京：中国建筑工业出版社，2022.

［68］中国功能水行业发展大事记［J］．商品与质量，2008（27）：12.

［69］中国家电网.2022国内市场热水器及净水器消费趋势报告［R］. 北京：中国家电网，2022.

［70］中国生产力学会. 健康饮用水水质：T/CAPS01－2021［S］. 北京，2021－05－18.

［71］中国冶金百科全书总编辑委员会《选矿》卷编辑委员会，冶金工业出版社《中国冶金百科全书》编辑部编. 中国冶金百科全书·选矿［M］. 北京：冶金工业出版社，2000：132.

［72］中华人民共和国国家卫生健康委员会. 食品安全国家标准饮用天然矿泉水：GB8537－2018［S］. 北京，2018－06－21.

［73］中华人民共和国建设部. 饮用净水水质标准：CJ94－2005［S］. 北京，2005－10－01.

［74］中华人民共和国生态环境部.2021中国生态环境状况公报［R/OL］.（2022－05－27）. https：//www. mee. gov. cn/hjzl/sthjzk/zghjzkgb/202205/p020220608338202870777. pdf.

［75］中华人民共和国水利部.2021中国水资源公报［R/OL］.（2022－06－15）. http：//www. mwr. gov. cn/sj/tjgb/szygb/202206/t20220615_1579315. html.

［76］周新军，满朝翰. 全生命周期碳排放核算方法及其应用［J］. 铁路节能环保与安全卫生，2019，9（4）：10－14.

［77］朱齐超，李亚娟，申建波，等. 我国农业全产业链绿色发展路径与对策研究［J］. 中国工程科学，2022，24（1）：73－82.

［78］邹启贤，邱勇，李冰. 城市水系统碳减排与碳中和的原理、技术与案例［M］. 北京：中国建筑工业出版社，2022.

［79］HE C，WANG Y，LI Z，et al. Facet engineered α MnO_2 for efficient catalytic ozonation of odor CH_3SH：Oxygen vacancy-induced active centers and catalytic mechanism [J]. Environmental Science & Technology, 2020, 54 (19): 12771 - 12783.

[80] Revenue of the bottled water market worldwide by country in 2022 [R]. Statista, 2022.

[81] TURKAY O, INAN H, DIMOGLO A. Experimental and theoretical study on catalytic ozonation of humic acid by ZnO catalyst [J]. Separation Science and Technology, 2017, 52 (4): 778 - 786.

[82] World Health Organizaiton. Guidelines for drinking water quality [S]. WHO, 2011.

[83] YANG W L, WANG T. Research progress in catalytic mechanism and application of ozone catalyst [J]. Applied Chemical Industry, 2020, 49 (11): 2936 - 2940.

[84] YU G, WANG Y, CAO H, et al. Reactive oxygen species and catalytic active sites in heterogeneous catalytic ozonation for water purification [J]. Environmental Science & Technology, 2020, 54 (10): 5931 - 5946.

后　　记

联合国大会声明中指出，安全清洁的饮用水是充分享受生活和其他人权所必需的一项人类权力。社会发展到今天，人们对饮水品质的需求已经从卫生安全上升到健康舒适。健康饮水是人民健康的重要前提，人民健康是民族昌盛和国家强盛的重要标志。党的二十大提出要把保障人民健康放在优先发展的战略位置，完善人民健康促进政策，深入开展健康中国行动，倡导文明健康生活方式。健康饮水产业在发展中持续增进民生福祉，提高人民生活品质。

从全球视角观察，欧洲和北美等国家或地区经济发展较早，居民生活水平较高，形成良好的健康饮水产业形态。在我国，随着社会经济快速发展和人民生活水平不断提高，公众健康意识不断加强，健康饮水产业形态正在逐步形成，对健康饮水产业发展的理顺和引导就显得尤为重要。

我国的健康饮用水产业发展需要经历一定的过程，健康饮水产业是随着国家的发展、人民生活水平的提高、用水安全意识的觉醒而发展起来的。我国健康饮用水产业发展虽起步较晚，但近年来发展迅速，然而我国幅员辽阔，资源和发展不均，要使产业发展的成果惠及全民，健康饮用水产业发展还有很长的路要走。我们仍相信在我国大健康战略的指导下，健康饮水产业的蓬勃发展，相信在国家相应政策的引导下、科技创新的支撑下、经济发展的基础上、人民需求的提高上，健康、科学、便捷、智能的健康饮水服务将稳步惠及我们更多的人。